心 · 마음이 가는 길

A way that a mind goes

Der Weg, den das Maum(心) geht

원불교 정전명상

Meditative Beschreibung der Lehrschriften des Won-Buddhismus

心 · 마음이 가는 길

A way that a mind goes

Der Weg, den das Maum(心) geht

원불교 정전명상

Meditative Beschreibung der Lehrschriften des Won-Buddhismus

Won-Buddhist Dharma Master : Won Jo Lee

Translation English : Min Jae Kim

English Editor : Mary Eyer

Translation German : Dr. Myung Hee Lee

German Editor : Beate Kühl

DongNam 동남풍Pung

〈추천사〉

이 메아리 닿는 곳마다 일원화가 피리라

이원조 교무님의 교화 방식은 남다른 데가 있다. 신문사 근무 경험 이후, 매스미디어 시대의 교화를 어떻게 풀어가야 할 것인가 고민을 많이 하며 학술적 연마와 현장적 실천으로 해법을 찾아가게 된 것이 아닐까. 원불교서울문인회 인연으로 만난 교무님은 교당교화 틈틈이 방송을 하시고 설교집을 내시고 CD를 만드시고 문인회를 이끄시고…언제나 매사에 자신만만해 보였다. 그러던 어느 날, 벌여놓은 일들을 문득 접고 혈연 일타원 이명희 교무님이 계신 독일 쾰른으로 날아가셨다. 《꿈을 키우는 도량》(2010)에서 보여주듯 "벼랑 끝에 선 듯한 절박감과 반드시 이뤄내야 하는 책임감 속에서 기적의 날들을 엮어" 그 척박한 땅에 이제 어엿한 교당(일원원불교선센터)

을 세우셨다.

어떤 극한상황에서도 좌절하거나 절망하지 않고 항상 낙천적인 교무님의 얼굴엔 만날 때마다 'Kein Problem!'의 미소가 아름답다.

내가 본 원조 교무님은 마음만 먹으면, 서원만 세우면 무슨 일이든지 해낼 분이다. 억척스런 개척 5년을 넘기면서, 이제 하드웨어로 교화 인프라를 깔기에 치중했던 세월을 마무리하고 드디어 소프트웨어 개발에 박차를 가하는 중인 듯하다. 교서정역 사업 중 독일어 번역이 있기야 하지만, 기독교 신앙 풍토에서 수천 년 길든 현지인들이 원불교법을 거부감 없이 수용하기엔 아무래도 한계가 있어 보인다. 상근기는 번역교서로도 발심이 나겠지만 일반대중을 깨우치기엔 보다 싹싹한 안내서, 교량적 구실을 할 수 있는 교리서가 필요하다. 원조 교무님은 여기에 착안하여 이번 책을 엮으셨다.

《心·마음이 가는 길》49장의 원고를 대하면서 나는 금방 경탄에 빠졌다. 그 동안 설교방송도 많이 하시고 책도 여러 권 내셨지만, 문체인즉 스토리텔링 위주의 산문이었다. 그건 그것대로 감동적이고 설득력도 있었다. 그런데 이번엔 표변하듯 스타일을 바꿔 청아하고 사근사근한 목소리의 운문으로 딱딱한 교리를 풀어낸 것이다. 보편적 상식선에서 설득하느라 직설을 피하다 보니 언뜻 들으면 원불교법이 아닌 듯하지만 눈여겨보면 《정전》의 요지가 빠짐없이 담겨 있다. 이런 스타일은 예상독자가 독일 현지 주민이기에 고심 끝에 터

득한 방편일 것이다. 낯선 세계관과 이질적 사유체계를 접하는 독일인들이 당황하지 않도록 배려하며, 그들이 겪을 피로감을 최소화하려는 노력까지 보인다. 이런 방식의 기획은 유럽인뿐 아니라 서구적 독법에 좀 더 익숙한 현대 한국청소년의 읽을거리로도 유용하지 않을까 기대된다.

로마제국의 역사가 숨 쉬는 유서 깊은 도시 쾰른에서 외치는 원조 교무님의 이 목소리가 부디 천 개 만 개 메아리가 되어 유럽의 도시마다 마을마다 울려 퍼지기를 빌어본다. 그 메아리가 닿는 곳마다 새 부처님의 일원화가 무성히 무성히 피어날 것이다.

이혜화(경식) 합장

문학박사, 원불교서울문인회 초대회장 역임

연구 : '새로 쓴' 소태산박중빈의 문학세계(2012), 원불교의 문학세계(2012)

용사상과 한국고전문학(1993)

교양 : 책, 꽃만큼 아름답고 밥만큼 소중하다(2007), 미르(2012)

문학 : 〈소태산박중빈〉(상편소설, 2004), 돌아온2남2녀(수필집, 2001)

〈서문〉

인생의 열쇠는…

천하에 이름난 도둑이 한 수 배우고자 하는 아들을 데리고 현장으로 나갔습니다. 도둑은 아들에게 "벽장 속에 있는 보물을 꺼내 오라"며 벽장 속으로 들어가게 한 뒤 그 벽장문을 잠그고 '도둑이야~' 하고 외쳤습니다. 그리고 혼자 집으로 도망쳐 왔습니다. 이 엄청난 배신감과 위기 속에서 아들은 꾀를 내어 간신히 빠져나와 도망을 치는데, 피할 곳을 찾다가 우물 속에 빠집니다. 그리고 옷을 벗어 물에 띄워 죽은 사람처럼 행세한 끝에 벌거벗은 몸으로 집으로 돌아올 수 있었습니다.

분노에 차서 자신을 바라보는 아들에게 아버지는 "예전의 나 보다 한 시간 일찍 돌아왔으니 너는 더 훌륭한 도둑이 될 수 있을 것"이라고 격려를 합니다.

인생이란 누구나 벽장 속에 갇힌 존재이며, 그러한 자신을 발견하고 그곳에서 얼마나 빨리 탈출하여 집으로 돌아올 수 있느냐에 따라 그 삶이 달라질 수 있음을 일깨워주려는 원효[1]스님의 유명한 법문입니다.

어둡고 추운 겨울을 성탄과 카니발로 견뎌내는 독일에서 자폐성으로 정상과 비정상의 경계선에서 학교생활에 어려움을 겪는 아이와 세 번째 방학을 보냈습니다.

손을 잡아서 끌어올리면 어느 정도 올라섰다가 잠시 눈을 떼면 어느새 다시 그 자리로 가 있는 아이와 지내면서 그 아이의 마음속에 있는 장벽을 보았습니다. 그것이 숙세의 업력으로 인한 것이든, 혹은 성장하는 과정에서 새롭게 형성된 것이든 자기 내면에 있는 장벽으로 인해 자기성장의 기회들이 시간의 물결 속에 떠내려가곤 했습니다.

그 장벽이 나에게도 있었습니다.

어린 시절 바낭에서 놀고 있는 나를 보고 내가 서 있는 주변에 동그란 선을 그려 놓고, “너 여기서 꺼내줄 때까지 나오면 안 돼” 이렇게 외삼촌이 말했습니다. 그리고 저녁이 다 되도록 꺼내주지 않아서 울었던 기억이 있습니다.

단지 선이 그려져 있을 뿐 높은 돌담이 있는 것도 아니고, 누군가가 막고 있는 것도 아닌데, 그려져 있는 선과 외삼촌의 말의 장벽 안에 갇혀 있었던 것입니다.

그런데 성장하여 세상을 살아가는 내 모습에서 다시 그 동그라미 장벽을 발견할 수 있었습니다. 나뿐만 아니라 거의 대부분의 사람들이 무엇인가를 구하고자 하지만, 자신만의 테두리 안에서 빠져나오지 못한 채, 그 안에서 자신과 싸우며 시간이 갈수록 스스로 장벽을 세우고 인생의 미로에서 방황하거나 절망하는 것을 볼 수 있었습니다.

우주는 열려있는 하나의 공간입니다.

따로 장벽이 있거나 막힘이 있지 않습니다.

가슴을 열고 하늘의 공기를 마시면 우주와 내가 둘이 아니고, 내 마음의 장벽을 허물어내면 참된 나를 찾을 수 있습니다. 어릴 때부터 마음 한편에 기억하고 있는 사명대사[2]의 글이 있습니다.

"우주의 비밀이 곧 인생의 비밀이요, 인생의 비밀이 곧 생명의 비밀이며, 생명의 비밀이 곧 자기심령의 비밀이니, 인생은 마침내 자기심령의 비밀을 밝혀내는 데서 곧 우주 · 인생 · 생명의 모든 비밀이 발로되는 것이다."

사람은 누군가와 소통하고자 합니다. 가까운 사람들은 물론 神과도 소통하기 위해 많은 제물을 바쳐왔고 종교가 발달할 수 있었을 것입니다. 그러나 궁극에는 자기 내면에 있는 자신(자기 神)과 소통을 할 때 진정한 삶을 운영할 수 있습니다.

또한 거래의 자유를 누리며 어디론가 원하는 곳으로 이동을 하지만, 궁극적으로 다다르고자 하는 곳은 완성된 정신의 세계, 곧 막힘이 없이 모두가 하나 되어 만나게 될 자리일 것입니다.

최령한 사람으로 태어나 '참 나'를 찾아서 자신을 다스리고 자신의 주인이 되지 못하면 허망한 일입니다.

오늘은 어디까지 가고 내일은 어디까지 갈 것인지, 그 목적과 이정표가 뚜렷하지 못하면 이생에 주어진 시간들이 이리저리 굴리다 버리게 되는 고양이의 실공처럼 헝클어질 수 있습니다.

현재는 과거의 장벽을 허물어내고 미래의 밝은 앞날을 열어갈 수 있는 열쇠가 될 수 있습니다. 몸과 입과 마음으로 뿌리고 거두는 인생행로에서 나에게 주어진 열쇠를 잘 사용하기 위해 소태산 박중빈[3] 대종사의 정전[4]에 바탕한 명상을 시작합니다.

원기98 (2013)년 4월

독일 일원원불교선센터에서 이원조 합장

Key of Life...

A world-renowned thief took his son, who was eager to learn his skills, to a mansion with him. He made his son walk into a closet to get treasures from it, then locked the doors behind him and yelled "burglars!!" before he ran away by himself. With a huge sense of betrayal and danger, the son managed to escape the mansion using his wits, but while looking for a place to hide, he fell into a well. After faking his own death by floating his clothes, he was able to make it home, naked. To his enraged son, the thief said "You made it back an hour earlier than I did in the past. You will make a better thief than I."

This is a famous story told by master Wonhyo[1)] to teach that life is like being locked up in a closet, and depending on how soon you realize your situation and make your way out, your life could change.

Last year in Germany, while Carnival and Christmas kept people' s spirits up during the harsh winter, I spent the third winter break with a child who was suffering with autism. While I stayed engaged with him he excelled, but as soon as I looked away, he would fall back where he started. I saw a barrier inside him. I am not sure whether it was due to the deeds of former lives or something that was formed during his growth. I saw his opportunities of growth flow away due to his inner barrier.

I, too, had that barrier.

When I was young, my uncle drew a circle around me while I was playing in a yard and said "You can' t come out of this circle until I tell you to." Then I cried because he didn' t let me out until dark. It' s not like there was a wall around me or someone was physically guarding me, but I was trapped inside the drawn line and the words of my uncle.

While growing up, I was able to see that circle once again. Most people, including myself, were trying to achieve something but ended up wandering around in despair, locked up inside a maze built by barriers of our own minds.

The universe is one open space.
There are no barriers.
If you open your heart and breathe in the air, you will find that you are one with the universe. If you destroy the barriers of your mind you can find your true-self. There is a quote by master Samyung[2)] that I have carried with me since I was young:
"The secret of the universe is the secret of human life, the secret of human life is the secret of life, and the secret of life is the secret of the spirit. Therefore, finding out the secret of your own spirit is the manifestation of all secrets of the universe, human life and life itself."

People want to communicate with someone. People spend a fortune trying to communicate with not only each other, but also with god, so religion is able to prosper. But ultimately, a true life can only be managed when you can communicate with the god within yourself.

People always try to reach somewhere they desire, but ultimately what we are trying to reach is a place where minds are complete, where there are no barriers whatsoever and everyone can meet as one. Being born as the most noble of all beings, it would be a shame if you couldn' t find your true self, rule yourself and become the true owner of yourself. How far will you go today and how far will you go tomorrow? If the milestones and the goals are unclear, the time given to you in this life can get messy like a ball of yarn given to a cat.

Today could be the key to knocking down the barriers of the past and opening a bright future. Based on the scriptures/The Principal Book of Won-Buddhism[3)] of the founding master Sot' aesan Park Jung Bin[4)], let' s begin the meditation to make good use of the key as you seed and harvest with your body, speech and mind on your life path.

April, 2013

Il-Won Meditation Center, Won Jo Lee

Der Schlüssel zum Leben

Es war einmal ein berühmter Meisterdieb, der eine besondere Methode hatte, erfolgreich zu stehlen. Eines Tages bat ihn sein Sohn, ihm Unterricht zu geben, damit er diese geheime Methode erlernen könne. Also nahm der Vater ihn eines Abends mit.

Er führte ihn in ein Haus, das er vorher ausgekundschaftet hatte und erklärte ihm, dass an diesem Ort ein wertvoller, schöner Edelstein sei. „Wenn du ihn stehlen willst, musst du zuerst in den Wandschrank hineingehen, den ich dir jetzt zeige“, sagte er.

Der Sohn tat, was ihm aufgetragen worden war, der Vater schloss den Schrank und rief dann mit lauter Stimme: „Hier ist ein Dieb im Haus!“ Danach verließ er das Haus.

Der Sohn war zuerst sehr erschrocken, aber dann fiel ihm eine Lösung ein, wie er aus dem Schrank entkommen könnte. Er piepste wie eine Maus und die Familie öffnete schnell die Schranktür. Er sprang hinaus und lief nach draußen. Dort entdeckt er einen Brunnen. Er sprang hinein, zog seine Kleidung aus, legte sie auf die Wasseroberfläche

und versteckte sich. Eilig lief die Familie hinter dem Dieb her. Sie entdeckte die Kleidung und glaubte, der Dieb sei im Brunnen ertrunken. Beruhigt gingen sie wieder ins Haus zurück.

Der junge Dieb aber lief, so schnell er konnte, zu seinem Vater, der inzwischen wieder zu Haus war. Natürlich war der Sohn wütend auf seinen Vater. Der aber sagte ruhig: "Du hast drei Stunden gebraucht, bis du wieder zu Hause angekommen bist. Ich habe für die gleiche Prüfung eine Stunde länger gebraucht. Du hast die besten Voraussetzungen dafür, dich weiter entwickeln zu können."

Diese Geschichte enthält eine berühmte Botschaft. Sie stammt von dem buddhistischen Meister Wonhyo[1)] aus dem alten koreanischen Silla-Reich.

Der Wandschrank ist das Symbol für unser Leben. Wenn man sein Leben verändern und aus dem Gefängnis entfliehen will, muss man zuerst seine Situation klar erkennen und dann als zweites nach einer Lösung suchen.

Im Winter ist es in Deutschland häufig dunkel und kalt. Für die Menschen ist das deshalb eine schwierige Zeit. Ich denke, dass sie aus diesem Grund im Advent und in der Weihnachtszeit viel unterwegs sind und auch den Karnevalsbrauch pflegen.

Trotz dieser widrigen Umstände habe ich mich während dieser Zeit dreimal um einen Jungen gekümmert, der besonderen emotionalen und intellektuellen Zuspruch benötigte. Das erwies sich als sehr schwierig. Ich konnte mit meinen Bemühungen keinen Moment nachlassen, da sonst keine beständige Entwicklung bei dem Kind möglich gewesen wäre. Ich arbeitete ohne Pause und erkannte schließlich die Wand in seinem Geist, die den Zugang zu ihm versperrte. Ob sein Karma oder seine Biographie dafür eine Erklärung geben können, ist hier unwesentlich. Aber dieses Kind konnte sich aufgrund dieses Hindernisses nicht so entwickeln, wie ich es gewünscht hätte.

Ich erinnere mich auch an eine Wand in mir selbst. Ich war ein Kind und spielte auf einem Spielplatz, als mein Onkel mich aufsuchte. Er malte einen Kreis um mich herum und sagte: „Halte dich innerhalb dieses Kreises auf, bis ich dich wieder abhole." Ich blieb in dem

Kreis, und das war für mich sehr anstrengend.
Ich erinnere mich daran, geweint zu haben. Am Abend holte mein Onkel mich wieder ab. Der Kreis, den mein Onkel gemalt hatte, symbolisiert eine Sperre. Da war nur eine Linie, keine Steinmauer und auch keine Wache. Dennoch fühlte ich mich wie ein Gefänger durch das Gebot des Onkels und durch den Kreis, der nicht entweichen konnte. Dieses Erlebnis hat mir später in meinem Leben geholfen, eine Trennwand anderer Art zu erkennen.

Das Universum ist ein offener Raum. Hier gibt es weder Barrieren noch Hindernisse. Wenn man sein Herz öffnet und die Luft des Himmels einatmet, werden Mensch und Universum eins. Wenn es mir gelingt, die Barriere in mir abzubauen, kann ich das wahre Selbst in mir finden.

Mein Lieblingssatz, ein Satz des Buddhistischen Meister Sa-Myung[2)] aus der Lee-Dynastie in Korea, lautet:

„Das Geheimnis des Universums ist gleich dem Geheimnis des Lebens des Menschen, das Geheimnis des Lebens des Menschen ist gleich dem Geheimnis des Lebens, das Geheimnis des Lebens ist gleich dem Geheimnis der Seele. Wenn man das Geheimnis seiner Seele erkennen kann, kann man die Geheimnisse des Universums und des Lebens und der Seele gut verstehen.”

Menschen möchten kommunizieren, mit ihren Mitmenschen und mit Gott. Sie haben deshalb immer schon ihre Kraft eingesetzt, um Gott nahe zu kommen und so konnten sich die Religionen entwickeln. Wenn man mit seinem Gott in Verbindung steht, kann man sein Leben in Wahrhaftigkeit führen.

Menschen möchten sich frei und ohne Hindernisse bewegen, um bestimmte Ziele zu erreichen. Aber das einzig wahre und endgültige Ziel einer Bewegung sollte sein, einen Zustand zu erlangen, in dem man mit seinen Mitmenschen in vollkommen freiem Geist kommunizieren kann.

Die Menschen sind die klügsten aller Lebewesen. Obwohl sie als Menschen geboren werden, sollten sie danach streben, sich selbst zu erkennen und ein selbstbestimmtes und verantwortungsvolles Leben zu führen.

Wohin fahren Sie heute und wohin werden Sie morgen fahren?

Wenn man keine klare Richtung und kein deutliches Ziel hat, vergeudet man sein Leben. In unserer Zeit im Jetzt kann man einen Schlüssel vorbereiten, der die Wand der Vergangenheit abbauen und eine helle Zukunft eröffnen kann.

Ich wünsche mir eine Zukunft, in der ich meinen Schlüssel gut benutzen kann, um meinen Körper, meine Worte und meine Gedanken jederzeit beherrschen und sinnvoll einsetzen zu können.

Aus diesem Wunsch heraus versuche ich, auf meditative Weise die Lehrschriften[3)] des Meisters Sotaesan[4)] zu erklären.

April, 2013

Il Won Meditationszentrum Won Jo Lee

CONTENTS

#01

나무의 길

한 그루 나무가 있습니다.

어느 날
작은 한 알의 종자에서
새싹이 트고
여린 싹이 자라면서
한 그루의 나무가 되어
천지자연의 흐름을 따라
봄, 여름, 가을 그리고
겨울을 지내면서
어느 땅의 한 자락에 뿌리 내린 채
한 생을 살아갑니다.

Way of a tree

There is a tree.

One day,

from a small seed,

a sprout grows.

Following the flow of nature

after spring, summer, fall

and winter,

rooted somewhere on earth,

it' s life continues.

Der Weg des Baums

Hier steht ein Baum.
An irgendeinem Tag
entsteht ein Keim
aus einem kleinen Kern.
Die weiche Spitze entwickelt sich zu einem erwachsenen Baum.
Sein Leben wird bestimmt durch den Wechsel der Jahreszeiten,
Frühling, Sommer, Herbst und Winter.
Er lebt ohne Ortsveränderung und bleibt da,
wo er Wurzeln geschlagen hat.

● ● ● # 02

나무에게도 마음이 있을까요?

같은 날
같은 크기의 나무를
각각 다른 곳에 심었습니다.

한 그루는 담장 곁에
한 그루는 사형장 옆에

오랜 세월이 지나면서
함께 자라던 나무의 모습이 달라졌습니다.
한 그루의 나무는 건강하게 잘 자랐습니다.

그러나
사형장 옆에 심어진 나무는
빼빼 마르고 건강하지 못한 나무가 되었습니다.

Could trees have spirit?

Two trees were planted;
same day,
same size,
two different locations:
One next to a wall
and another next to an execution ground.
After a while,
two trees started to grow differently.
One stayed healthy,
but one next to the execution ground
grew twisted and ugly.

G ●● # 02

Hat der Baum einen Geist?

Am selben Tag

wurden gleich große Bäume eingepflanzt.

Ein Baum wurde an einem Zaun,

ein anderer wurde in der Nähe des Gerichtsgebäudes gepflanzt.

Nach langer Zeit

sahen die beiden Bäume unterschiedlich aus.

Ein Baum wuchs als schöner Baum heran,

aber der andere Baum,

der beim Gerichtsgebäude gepflanzt worden war,

entwickelte sich nicht gut und sah schwach und krank aus.

\# 03

고양이의 길

농가에서
고양이 한 마리를 데려왔습니다.
집안으로 쥐가 들어오는 것을 막기 위해.

고양이가 사람과 살다보니
사람의 말을 알아듣습니다.
앉으라 하면 앉고,
인사를 하라면 인사를 합니다.
씻겨주고 쓰다듬어주고
먹이를 주면서 교육을 시키면
제법 교양 있는 고양이가 됩니다.

그렇다고 고양이가
사람처럼 살 수는 없습니다.
고양이는 고양이의 삶이 있으니까요.

하지만 그 다음 생은 알 수 없습니다.
쥐보다 사람을 가까이 한 고양이라면….

E ● ● # 03

Way of a cat

We brought a cat home from a farm.
It was intended to get rid of rats.

After a while
cats start to understand
what people are saying to them.
They will sit when told to,
and bow when told to.
If you teach it right;
petting it, washing it,
and feeding it;
a cat can become quite elegant.

But a cat can never
live like a man.
Cats have cat' s lives.

Its next life, though, you never know.
Especially if a cat keeps people closer than rats...

G ●● # 03

Der Weg der Katzen

Ich habe vom benachbarten Bauern
eine Katze als Geschenk bekommen,
weil ich unseren Tempel vor Mäusen schützen wollte.

Seitdem diese Katze bei uns Menschen wohnt,
kann sie die Sprache der Menschen immer besser verstehen.
Wenn ich ihr den entsprechenden Befehl gebe,
setzt die Katze sich hin.
Wenn sie sich nach vorne beugt,
bekommt sie ihr Futter.

Eine Katze kann man trainieren,
indem man sie pflegt, streichelt und ihr Futter gibt.
So kann aus ihr eine intelligente Katze werden.
Aber auch, wenn eine Katze intelligent ist,
kann sie doch nicht wie ein Mensch sein.

Unsere Katze hat natürlich ihren eigenen Katzenweg.

Wir wissen nichts über ihr nächstes Leben.

Wenn sie immer bei den Menschen geblieben wäre, statt bei den Mäusen…

#04

사람의 길 1

사람은
사람의 길을 갑니다.
그 마음의 결정에 따라.

매일 아침 눈을 뜨고
자리에서 일어나는 순간부터
그 생각과 의지에 따라
몸이 움직이기 시작합니다.

때론 생각보다 먼저
몸이 움직이는 것 같기도 하고
때론 생각은 하는데
몸이 움직이지 않기도 합니다.

그래도 이 세상에 태어나는 순간부터
배우고 익힌 습관으로 무엇을 해야 할지
스스로 결정하고 하루를 시작합니다.

그렇게 사람은 하루하루 길을 갑니다,
자신에게 주어진 생의 길을~.

몸이 가는 곳에는 마음도 따라 갑니다
자의든 타의든.
대개는 마음이 갈 때 몸이 따라 가겠지요.

E ● ● # 04

A man's path(1)

A man will go his way,
following the decisions of his mind.

Every morning when his eyes open,
from the moment he gets up,
his body starts to move
following his thoughts and his will.

Sometimes,
His body will move before his will.

Sometimes,
His body won't move despite his will.

But, based on habits
learned and developed since birth,
he will make decisions
and go on with the day.

Just like that,

he will walk his way,

day by day;

following the way of life given to him.

The mind follows

where the body goes.

But shouldn't the body follow

where the mind goes?

G ●● # 04

Der Weg, den die Menschen gehen

Menschen gehen den Weg des Menschen.
Die Entscheidung treffen sie selbst.

Jeden Tag vom Morgen an
beim Aufwachen und Aufstehen
mit ihren Gedanken und Wünschen
bewegen sie ihren Körper.

Manchmal, bevor ich denke,
bewegt sich der Körper schon.
Ein anderes Mal denke ich,
aber der Körper bewegt sich nicht.

Von Geburt an
haben Menschen unterschiedliche Gewohnheiten.
Ich entscheide selbst, was ich tun soll
und beginne den Tag.
Auf diese Weise gehen die Menschen

Tag für Tag den Weg,
der ihnen gegeben wurde.

Wenn der Körper geht, begleitet ihn der Geist,
ob er sich nun selbst entschieden hat
oder von anderen gezogen wurde.
Allerdings, wo der Geist hingeht,
ist auch der Körper dabei.

●●● # 05

사람의 길 2

그렇게 한 생을 사노라면
벌써 나이가 들고 아프기도 하면서
늙고 지친 몸이 되어
죽음에 이르는 때가 있습니다.

아무리 돈 많고 학식이 높고
건강하고 명예로웠던 사람이라도
생로병사의 순리를 피할 수는 없습니다.

마음은 아직 그대로인 것 같은데
몸이 따라주질 않는군요.

늙고 지친, 혹은 병들어버린 몸을
더 이상 붙잡을 수 없어 놓아버리면
스스로의 주검을 보게 됩니다.

마치 아껴 입던 옷이 낡아서[5)]
더 이상 입을 수 없어 포기한 순간처럼.

A man's path (2)

After a lifetime,
you age and you might even get sick.
Your body gets old and tired,
and eventually you reach death.

No matter how wealthy, well educated,
healthy and honorable you have been,
you cannot escape the cycle of life.

Your mind might seem the same,
but your body might be otherwise.

If you can no longer hold onto
your old, tired or sickened body and let go,
you end up staring at your own corpse.

It's just like giving up your favorite garment[5)]
when its so worn-out you can no longer wear it.

Der Weg des Menschen 2

Während das Leben abläuft,
werden wir älter und gebrechlicher.
Schließlich werden wir alt und müde
und der Tod sucht uns auf.

Ob man nun ein wohlhabender Mensch war
oder ein berühmter Wissenschaftler
oder einfach nur ein starker Mensch,
man kann den Weg der Natur,
den Kreislauf von Geburt-Alter-Krankheit und Tod
nicht umgehen.

Auch wenn mein Gefühl und mein Geist gleich geblieben sind,
ist mein Körper aber nicht mehr dabei.
Wenn wir den alten, müden, kranken Körper
nicht weiter erhalten können,[5)]
müssen wir ihn einfach loslassen.

Dann finden wir den Tod

und unser Körper

ist wie eine alte, liebgewonnene Kleidung,

die erst am Ende aufgegeben wurde.Dann finden wir den Tod

und unser Körper

ist wie eine alte, liebgewonnene Kleidung,

die erst am Ende aufgegeben wurde.

●●● # 06

영혼의 길

그러면
그 생각과 의지는 어디로 가야하나요?

당연히 새 옷을 찾아 입어야겠지요.

옷이 없어 벌거벗은 상태를 영혼이라 하지요.

영혼은 자유로워 어디든 갈 수 있습니다.
생각하는 대로
평소 욕심 있던 곳으로,
보고 싶은 사람이 있던 곳으로[6)]
미워했던 사람이 있던 곳으로
때론 칠흑 같은 어둠속으로도-.

벌거벗은 영혼은 자유롭지만
그 모습을 드러낼 수 없습니다.
그리고
그 의지대로 행동할 수 없습니다.

그래서 새 옷을 찾아 입어야 하지요.
그래야 다시 이 세상에 나올 수 있으니까요.

E ●● # 06

A soul' s path.

Then,

Where do your thoughts and will go?

Of course you will have to find a new garment.

When you' re truly naked,

you are left with your soul.

A soul is free to go anywhere;

Towards your thoughts,

towards your greed,

towards your yearning,[6]

towards your hated,

and sometimes, towards pitch black darkness...

A naked soul is free,

but it can never reveal itself.

And it can never act on its own will.

That’ s why it needs to get dressed with a new garment.

It’ s the only way it can return to our world.

G ●● # 06

Der Weg des Geistes

Wohin können die Gedanken und der Wille gehen?

Sie können eine neue Kleidung suchen und sich anlegen.
Sie können auch nur Seele sein.

Die Seele ist frei, irgendwohin zu gehen.
Sie geht mit den Gedanken und den Wünschen
aus ihrem vergangenen Leben
oder dahin, wo ihre Liebe ist[6]
und auch dahin, wo ihr Feind ist
und manchmal auch in die Dunkelheit.

Die unbekleidete Seele ist zwar frei,
aber für niemanden sichtbar.
Sie kann ihren Willen nicht ausführen.
Deswegen braucht sie auch eine neue Kleidung,
Damit sie sich in der Welt mit einem Körper verbinden kann.

●●● # 07

사람의 옷

이 세상에 나오기 위해
새 옷을 입으려면 어디로 갈까요?

옷을 찾을 수 있는 곳으로 갑니다.
아는 사람이 있는 곳으로 혹은
관심이 많던 곳으로 혹은
형형색색의 욕망에 끌려서….

이렇게 새 옷을 입는 순간
육도와 사생으로 나누어집니다.
정신을 바짝 차려야 할 순간이지요.

이 어렵고 어려운 관문을 통과하여
천만다행히 사람의 옷을 받으셨다면
최고의 옷을 찾아 입으신 것입니다.

Garment

Where can a soul go to get dressed again
before returning to our world?

The soul goes to where it can find garments:
Attracted by its affinity,
attracted by its interest,
attracted by many shapes and colors...

Once a new garment is picked for the soul,
it is categorized into six boundaries of life and death[7)]
This is a very difficult moment and a complete awareness is required.

After this difficult hurdle is passed,
if the soul is dressed as a human,
the soul has found the best garment there is.

G ●● ≠ 07

Die Kleidung des Menschen

Die Seele entsteht in dieser Welt,
wenn sie eine neue Menschenkleidung bekommen hat.

Wohin soll die Seele gehen,
um die Kleidung für diese Welt zu finden?
Sie geht dahin, wo es einen Menschen gibt, den sie kennt
oder sie geht dahin, wo sie etwas findet,
was sie in ihrem früheren Leben interessierte.
Oder sie wird angezogen durch verschiedene Farben und Formen.

Die Seele zieht eine neue Kleidung an.
Dadurch hat sie sich entschieden,
zu einem neuen Lebewesen zu werden.

Es gibt sechs Wege und vier Arten
und man muss nachdenken,
bevor man sich entscheidet.
Wenn die Seele und die neue Kleidung als Mensch zusammen passen,
hat man seine Aufgabe erfolgreich gelöst.

#08

헌 옷과 새 옷

태중의 아이를 생각하는 어머니의 간절한 기도는
'열 손가락 온전한 보통의 아기가 태어나는 것' 이라고 합니다.

그 어머니가 소망한대로
건강한 보통사람의 옷을 입고 태어난 아기는
먼저 입었던 옷을 기억하지 못합니다.
그리고 함께 했던 사람들도
새 옷으로 갈아입은 사람을
예전의 그 사람으로 기억하지 못합니다.[7]

Old garment and new garment

A mother' s prayer for her baby in her womb
will always be a wish for a normal healthy baby,
with all ten fingers intact.

The soul reborn,
wrapped in a garment of a healthy baby,
cannot remember its previous garment.

Also,
the people who were once acquaintances
will never recognize a soul
dressed in a new garment.[8)]

Alte und neue Kleidung

Ich habe gehört, dass Mütter in der Schwangerschaft
für ihr ungeborenes Baby beten.
Sie wünschen sich in erster Linie ein normales, gesundes Kind.

Das Baby kommt auf die Welt und es ist gesund.
Aber das Kind, das die neue Kleidung
schon vorher selbst angezogen hatte,
konnte sich nicht an die vorherige Kleidung erinnern.

Obwohl die Menschen das Kind
in seinem früheren Leben gekannt hatten,
wurden sie von ihm nicht erkannt.[7)]

● ● ● # 09

개인의 특성

그러나
생각에 따라 의지에 따라
취미에 따라 익혔던 것들은
다시 나타나기 시작합니다.

마치 피아노를 잘 치던 사람이
옷을 갈아입거나
다른 집으로 이사를 해도
피아노를 여전히 잘 치는 것처럼.

이렇게 이미 익혀져 있던 삶의 습성을
천성, 혹은 개성이라고 합니다.
같은 유니폼을 입어도 서로 다른 것처럼
사람이지만 각각 다른 형태로 살아갑니다.

그런데 그 다른 삶은
무엇으로 결정될까요?

E ●● # 09

Character

But familiar traits
affected by thought, will and interest
will reappear.

If you are good at piano,
that won' t be affected
by what you are wearing
or where you are living.

The previously acquired habit of life
is one' s nature, or character.
Just as wearing same the uniforms doesn' t mean the same personalities,
all people live different lives.

What do you think
these different lives are decided by?

Die individuelle Persönlichkeit

Nach der Wiedergeburt nimmt der Mensch
die vorherigen Gewohnheiten,
Hobbys und den Willen wieder an.
Das wird in dem neuen Leben auch
manchmal von den Menschen erkannt.

Ein Pianist, der zwar eine andere Kleidung
angezogen hat oder in ein neues Haus gezogen ist,
kann dennoch gut Klavier spielen.

Diese vorherigen Gewohnheiten
nennt man das Naturell oder den Charakter.

Alle Menschen leben ein einzigartiges Leben.
Wo liegt also der Unterschied?

●●● # 10

어떤 삶인가?

나무는 자신이 살고 싶은 장소를
스스로 선택할 수 없습니다.
바람에게 맡기거나
어디엔가 떨어진 자리에서 혹은
사람이 심어준 자리가 그의 자리입니다.

추운 겨울이 되어도
땅에 뿌리가 묻힌 채 견뎌야 합니다.
그리고 살아있다면
봄바람에 새싹을 틔울 수 있겠지요.

고양이는 자신을 돌보아줄 주인을 정할 수 없습니다.
좋은 주인을 만나면 행복해지고
그렇지 않으면 버림받거나
들고양이로 살아야겠지요.

E ● ● # 10

What kind of life will it be?

A tree cannot decide
where it grows.
Where the wind takes it,
where it is dropped,
where it is planted;
that becomes its place.

During harsh winter,
it must endure
with its roots in the ground.
If it makes it through,
it will be able to sprout in the spring...

A cat cannot decide
who is going to be its owner.
If it meets a good owner,
it will live a happy life.
Otherwise, it will be abandoned
and become a stray cat.

Wie kann das Leben sein?

Der Baum kann nicht selbstständig entscheiden,
wo er wohnen will.
Sein Platz hängt vom Wind ab
oder von dem Platz, wohin der Kern gefallen ist
oder von dem Ort, an dem ein Mensch ihn bewusst eingepflanzt hat.

Im kalten Winter muss der Baum geduldig sein
und sich mit seiner Wurzel in der Erde festhalten.
Wenn er den Winter überlebt,
entstehen aus Knopsen und Blüten neue Kerne,
die der Wind weiterträgt.

Die Katze kann für sich keine eigenen Entscheidungen treffen.
Wenn sie einen guten Besitzer hat,
wird sie ein glückliches Leben führen.
Wenn nicht, ist es ein ärmliches Leben.

●●● # 11

누구의 삶인가?

나의 인생은 누구의 것인가요?
내 인생은 나의 것입니다.[8)]
나에겐 나를 관리할 누군가가 따로 있지 않습니다.

물론 어리고 힘없을 때는
부모와 주변사람들의 도움을 받지만
그 도움 속에서
내 인생을 스스로 관리합니다.

나무처럼 한 곳에 사는 것도 아니고
고양이처럼 주인이 따로 있지 않으니까요.
나의 주인은 곧 내 자신이지요.

그러면 나의 주인은 어떤 모습인지 알아볼까요?

E ● ● # 11

Whose life will it be?

Who does your life belong to?
Your life belongs to yourself.[9)]
There is no one else who will
manage your life.

Of course, when you are young and weak,
you will rely on your parents and neighbors,
but you still manage your own life
amidst all the assistance.

You are not rooted like a tree,
and nobody owns you like a cat.
You are the master of yourself.

Now, let' s take a look at
what this master looks like.

Wem gehört das Leben?

Wem gehört mein Leben?
Mein Leben gehört mir.[8)]
Es gibt kein anderes Wesen, das mein Leben organisiert.

Während der Kindheit und während einer Krankheit brauche ich natürlich Hilfe von den Eltern und von anderen Menschen. Dennoch organisiere ich in einer derartigen Situation mein Leben selbst.

Ich bin kein Baum, der durch Wurzeln an einen Ort gebunden ist.
Ich bin auch keine Katze, die einen Besitzer hat.
Der Besitzer meines Lebens bin ich selber.

Möchten Sie erfahren, wie ich, als Besitzer meines Lebens, bin?

●●● # 12

내 앞의 세상

하루를 시작하는 순간
"자, 일어나자!" 하고 일어나기도 하고
"아니~ 좀 더 잠을 자고 싶어"하며 다시 잠이 들기도 합니다.

내 앞에 있는 눈에 보이는 세상
귀로 들리는 세상
코로 냄새를 알 수 있는 세상
입으로 먹고 말하는 세상
몸을 움직이며 이루어지는 세상
생각을 실현하여 이루어지는 세상
이 여섯 가지의 세상 앞에서
나는 매 순간 보고 듣고, 냄새 맡고, 말하고
먹고 싶은 것을 찾아서 먹고,
입고 싶은 옷을 골라서 입고,
하고 싶은 일을 찾아서 하고 혹은
해야 할 일을 하는 동안
내 안에서 결정권을 행사하는 것이 나의 주인입니다.

그 주인의 지시에 따라
나는 오늘까지 살아올 수 있었고,
지금의 이 모습으로 만들어졌습니다.

거울을 통해 보이는 내 모습 뿐 아니라
삶의 순간마다 펼쳐지는 인생의 행로는
그동안 내 안의 주인의 지시에 따라 살아온 흔적이요
결과입니다.

그런데 주인이 둘인 경우가 많습니다.
한 주인은 나를 옳은 방향으로 이끌고
또 한 주인은 나를 옳지 않은 방향으로 이끌려 합니다.
매일매일 우리는 잠들어 무의식에 들어간 시간 외에는
매 순간 옳게 하거나 옳지 않게 하거나를 반복하면서 살아갑니다.
누가 그 순간의 주인이었는가에 따라
내 삶을 진급의 길로 나아가게 하거나 혹은
뒷걸음치듯 강급의 길로 가게하거나 하면서….

E ● ● = 12

The world in front of you

When you start the day,
sometimes, you can get right up
and sometimes, you fall right back asleep.

There is a world you see with your eyes,
a world you hear with your ears,
a world you smell with your nose,
a world you taste and talk to with your mouth,
a world you interact in with your body,
and a world you interact in with your mind.
In these six worlds
every moment you see, hear, smell, speak,
eat what you want to eat,
wear what you want to wear,
do what you want to do,
and do what you have to do,
it is your own master within yourself
that makes all the decisions.

Following the decisions of the master,
you were able to live on,
shaping up to become the person you are.

Not only the appearance of yourself in the mirror,
but also every turn you take in your life
are the traits and results of the decisions
made by the master within yourself.

But quite often, there are two masters.
One will lead you the right way,
and the other will lead you the wrong way.
Every moment you are awake,
you will chose to go either
the right way or the wrong way.
Depending on who was the master at the moment,
your life will move forward,
or fall backward...

G ● ● # 12

Die Welt, die mir gegeben wurde

Jeden Morgen sage ich zu mir selbst:
„Ja, - stehe ich jetzt auf?"
oder „Nein, ich will noch etwas weiter schlafen!"
Und dann werde ich wieder einschlafen.

Ich erfahre die Welt mit den Augen, den Ohren,
der Nase und dem Geschmackssinn.
Das geschieht auch so mit den Bewegungen meines Körpers
und mit meinen Gedanken.

Es gibt sechs Türen, die mir diese Welt erschließen:
Durch Sehen, Hören, Riechen und Sprechen,
aber auch durch das, was ich esse,
und durch die Kleidung, die ich trage,
und durch alles, was ich machen will.

Die Kraft der Entscheidung bei all diesen Tätigkeiten
liegt bei mir, dem Besitzer meines Lebens.

Mit der Entscheidung des Besitzers
konnte ich bis heute mit allen Aktionen so leben
und ich habe mir meine jetzige äußere Erscheinung selbst geschaffen.
Damit ist nicht nur meine Figur gemeint,
die ich im Spiegel sehen kann,
sondern auch der gesamte Inhalt meines Lebens.
Mein Leben hinterlässt also Spuren, die bestehen bleiben.

Es gibt aber nicht nur einen, sondern zwei Besitzer.
Der eine zieht mich auf den rechten Weg,
der andere auf den falschen.
So ist es jeden Tag, jeden Moment mit den zwei Besitzern.
Ich gehe entweder auf dem rechten Weg
oder auf dem falschen Weg.
Es hängt davon ab,
wer der augenblickliche Besitzer meines Lebens ist.

●●● # 13

삶의 이동

매 순간 자신의 내면에서 결정하고 행동하게 한 주인
생각한 것을 이루고자하는 힘,
그것을 마음이라 하면 될까요?
이것은 감정과는 다른 것입니다.
기분이 좋고 나쁜 감정에 따라
마음작용이 달라질 수는 있겠지요.

인류의 역사는 사람들의 마음이 작용했던 흔적입니다.

바닷가 모래 위에 찍힌 발자국처럼…

어느 날 문득 원하지 않는 곳에 와 있는
삶의 바로잡음을 위해
나의 마음을 찾아서
삶의 이동을 해보기로 합니다.

Who was in charge?

The master who decides every action you make;
the force that tries to realize your will;
Perhaps you can call that your mind.
This is different from your emotions.
Of course, various emotions could affect
the way your mind works.

The human history is a collection of marks
made by the works of human minds.

Just like the footsteps left on a beach...

Sometimes, you might find yourself
far away from where you wanted.
In search of your mind,
you might want to move somewhere with your life...

Der Umzug im Leben

Wer in jedem Moment in mir als Besitzer entscheidet
und die ausführende Kraft aller Gedanken ist,
wird Maum genannt.
Darunter verstehen wir nicht das Gefühl und auch nicht die Gedanken.
Mit dem Gefühl können wir nur die Wirkung des Maum verändern.

Die Lebensbahn des Menschen ist wie Spur des Maum im Menschen.
Wie eine Spur im Sand…

Um unser Leben in die richtige Richtung zu lenken,
suchen wir das Maum, das uns bei der Neugestaltung des Lebens hilft.

●●● # 14

면허증과 주행연습

자동차는 이동수단의 대표적 기계입니다.
그러나 어린아이나 정상적인 판단력이 없는 사람이나
운전할 수 있는 신체조건이 갖춰지지 않은 사람이 운전을 하면
다치거나 죽음에 이를 수 있습니다.

타인과의 소통 그리고 생활의 편리를 위해
이미 당신의 손에도 쥐어있을 핸드폰은
과학문명[9]의 상징입니다.

그런데 그 핸드폰으로 인해
더 많은 갈등과 싸움이 일어나고 있지는 않나요?

운전자는 자동차를 운전할 수 있는 자격증과 함께
자신의 마음도 바르게 운전할 수 있어야 합니다.

나의 마음은 어떤 학습과 훈련이 되어 있나요?

E ●● #14

Driver's license and practice driving

A car is the most common means of transportation.
But if a child, someone without right judgement,
or someone with an unfit body for driving, tries to drive,
it might result in serious injuries or death.

The cellphone that you probably have already,
made for communication with others and comfort in daily life,
symbolizes the civilization of science.[10)]

But don't you think these cell phones
cause more frequent conflict and quarrel?

A driver should be licensed to drive
and also should be able to drive his own mind.

What kind of training did your mind have?

G ● ● # 14

Führerschein und Fahrtraining

Das Auto ist das Symbol für ein Vehikel,
mit dem man irgendwohin fahren kann.
Wenn man noch Kind ist
oder aufgrund von geistigen oder körperlichen Gebrechen Schwierigkeiten hat, kann das zu Verletzungen oder zum Tod führen.

Vielleicht besitzen Sie ein Handy für die Kommunikation mit anderen.
Auch das ist ein Symbol für die technischen Errungenschaften der Zivilisation.[9)] Aber nicht immer ergibt sich daraus Positives,
oft führt es auch zu Streit und Problemen.

Als Fahrer muss man einen Führerschein haben
und als Mensch muss man sein Maum gut führen.
Was haben Sie für Ihr Maum gelernt und wie haben Sie es trainiert?

15

종교의 선택

우리는 몸을 유지하기 위해 많은 것이 필요합니다.
먹고 마시고
옷을 갈아입고
잠을 자고
운동을 하고
몸 안의 찌꺼기들을 배출하고
주변을 청결히 하고…,

이러한 일들을 위해
실용적이고 대중적이며 합리적인 가격의 상품들을 찾아 나섭니다.
대형마트는 매일 많은 사람들로 북적입니다.
그리고 선택한 상품을 구입하지요.

정신 관리를 위해서는 종교를 선택할 수 있습니다.
마음을 찾아서 사용하는 방법을 배우는….

물론 종교를 선택하지 않을 수 있습니다.
이동을 위해 자동차가 필요하지만

모든 사람이 자동차를 소유하지 않는 것처럼…

종교는 정신세계의 성장과 변화를 위해 필요한
이동수단을 선택하는 것에 비유할 수 있습니다.
미숙함, 어리석음, 화남, 탐하는 마음의 상태에서
성숙되고 지혜로운, 평온하고 함께 나누는 정신의 상태로
그 삶의 번지수를 옮겨갈 수 있게 하는….

Selecting a religion.

We need many things to maintain our body;

Eating,

drinking,

clothing,

sleeping,

excercising,

excreting,

and cleaning...

To do these things,

search of the practical, popular and reasonably priced is in order.

Big markets are always crowded with people

purchasing the items of their choice.

In order to maintain your mind,

you can choose a religion.

Of course, you might not take a religion.

A car is needed for transportation,
but not everyone owns a car.

Religion can be seen as a mean of transportation
needed for the growth and change of your spiritual realm,
that lets you move from state of
immaturity, foolishness, angriness and greed to state of
maturity, wisdom, peace and sharing.

Die Auswahl der Religion

Für den Körper haben wir viele Aufgaben.
Wir brauchen Nahrung, Flüssigkeit und Kleidung.
Wir müssen auch schlafen und manchmal Sport treiben.
Unseren Körper innerlich zu reinigen,
uns von Abfall zu befreien
und unsere Umgebung sauber zu halten,
ist eine wichtige Aufgabe.

Für diese Aufgaben muss alles Notwendige
zu einem angemessenen Preis beschafft werden.
Zu diesem Zweck müssen wir zum Einkauf fahren
und treffen da auf viele Menschen,
die in derselben Absicht gekommen sind.

Um sich um den Geist kümmern zu können,
kann man eine Religion aussuchen.
Damit kann man das Maum finden und die Methode erlernen,
wie man durch Training sein Maum stärkt.
Genauso, wie ein Auto nicht unbedingt lebensnotwendig ist,

kann man auch ohne Religion sein Ziel erreichen.

Jedoch hilft die Religion auf dem Weg
zur Entwicklung und Veränderung des Geistes.
Unreife, Torheit, Wut und Begierden
wandeln sich in Weisheit, Ruhe und Anteilnahme.

#16 나와 종교

사람의 몸은 어느 땐가 성장을 멈추게 되지만
정신의 진화는 몸의 성장과 다를 수 있습니다.
몸은 성인이 되었어도 정신은 어릴 수 있지요.

이 세상의 많은 문제들은 어쩌면
어른의 몸에 덜 자란 정신을 가진 사람들로 인해
비롯될 수 있습니다.
이기적이고, 배타적이고, 조화를 이루지 못하는….

종교는 성자들의 가르침과 실행을 통해
자신을 바라볼 수 있게 하는 거울과 같습니다.

이 세상의 모든 어머니들이
자기의 자녀들을 잘 가르치고 키우려는 것과 같이,
인류를 구원하기 위해 이 세상에 나온 성자들은
그 목적이 하나이며 서로 통합니다.[10)]

종교는 어린 자녀를 위해 희생하는 부모의 마음을

그 자녀들이 보고 배워가듯이
성자들의 언행을 자신의 삶에 옮겨 실행하고 연습하면서
몸과 정신이 조화롭게 성장할 수 있도록 하는 학교입니다.

이미 종교를 선택하였다면
그 가르침을 통해 자신의 성장을 이뤄가야 합니다.

E ●● # 16

Religion and you.

Your body ceases to grow at a certain point
but the evolution of mind can be different.

Your body might be fully grown but your mind could be otherwise.
Many problems in this world could be caused by people
bearing immature minds within mature bodies;
Selfish, exclusive, and unagreeable minds.

Religion is like a mirror
that lets you reflect yourself
based on the lessons and doings of saints.

Just like every mother shares the goal
to educate and raise her own children well,
all saints who came to earth shared a goal
to save the people of earth.[11]

Religion is a school where you can

balance the growth of your body with the growth of your mind
by applying and practicing words and deeds of saints,
just like children watch and learn
from their parents.

In order to maintain and grow the spirit within self,
people choose a religion.

If you already chose a religion,
you must grow that sprit by applying the lessons.

G ●● # 16

Die Religion und ich

Der Körper des Menschen wächst, bis er ausgewachsen ist,
es gibt also ein Limit.
Aber beim Wachsen des Geistes verläuft die Entwicklung anders.
Es kann sein, dass ein Mensch den Körper eines Erwachsenen,
aber den Geist eines Kindes hat.
Die meisten Probleme in der Welt
werden vielleicht von Erwachsenen mit unreifem Geist her-
vorgerufen.
Das sind egoistische Menschen, die mit ihren Mitmenschen
nicht harmonisieren können.

Die Religionen kann man mit einem Spiegel vergleichen,
in dem man sich mithilfe der Lehrschriften
und Ausführungen der Heiligen selbst erkennen kann.

Die Heiligen, die zur Rettung der Menschen
in die Welt gekommen sind,
haben alle ein einziges Ziel,
das sie auf unterschiedlichen Wegen erreichen.[10)]

Alle Mütter auf der Welt möchten sich um ihre Kinder kümmern
und sie gut erziehen. Das Heim der Eltern ist wie eine Schule,
in der die Kinder auf liebevolle Weise das Leben kennenlernen.

Die Religion ist auch wie eine Schule,
in der wir von den Worten und Taten der Heiligen erfahren
und so in Harmonie Körper und Geist entwickeln können.

Wenn wir schon eine Religion ausgesucht haben,
können uns die Lehrschriften helfen, unseren Geist zu entwickeln.

●●● # 17

출발 지점

세계 각지에서 나온 종교의 근본 원리는 서로 통하며
나의 마음 또한 그곳에서 비롯되었습니다.
모든 생명체의 마음의 고향이지요.

그곳은 크고 작음, 어른과 아이
있는 것과 없는 것, 가진 자와 없는 자
태어나고 죽는 것, 오고 감의 구분이 없습니다.

선함과 악함에 대한 분별과 주고받음이 끊어졌으며,
말이나 글로, 생각으로 표현할 수 없습니다.

세상의 모든 물이 바다에서 하나가 되고
다시 무수한 변화와 파도를 통해 세상에 작용하듯
나의 삶이 비롯된 곳이며
세상에 존재하는 모든 것이 만나지는 하나의 집입니다.

모든 이치가 하나로 서로 통하는 곳이며
천지만엽으로 흩어진 나뭇가지와 잎이

하나의 뿌리에서 비롯되었음을 알 수 있게 하는 자리입니다.

나의 삶이 봄에 새싹처럼 세상에 나왔다가
겨울에 이르러 빈 나무가 되듯이 변화하고
주고받음의 거래가 낮과 밤이 반복되듯 순환하며
무수한 세월을 이어가는 곳

우주의 근본이요 성인들의 깨달음 자리, 그리고
모든 중생들의 본래 마음자리,
이곳에서 우리의 삶을 새로 시작해 볼 수 있습니다.[11)]

Starting point

The principles of all the religions, from wherever in the world,
are interchangeable to each other.
It is where your mind is rooted;
the native place in the minds of all creatures.

It is a place where there is no distinction
between big and small, old and young,
being and non-being, rich and poor,
birth and death, or coming and going.

There is no distinction nor interchanging between good and evil;
and it cannot be described with words, speech nor thought.

It is a house where everything that ever existed comes together;
where your life originated,
as all water joins the ocean
and the ocean returns to the world through
endless changes and waves...

Here, all principles merge as one,
teaching you that all leaves and branches
scattered to the universe originate from one root.

Here, your life changes as spring grows sprouts
and winter turns trees naked
and the exchange between giving and taking
continues infinitely, cycling through like day and night.

The origin of the universe,
the place of enlightenment for all saints,
and the original place for minds of all sentient beings;
This is where your life can start again.[12)]

Der Ausgangspunkt

Ausgangspunkt aller Religionen sind gleiche Prinzipien,
die sie vereinen.
Das Maum oder mein Geist haben auch da ihren Grund.
Da ist das Heim für den Geist aller Lebewesen.

Dort gibt es keinen Unterschied zwischen Groß und Klein,
Erwachsenen und Kindern, Seienden und Nicht-Seienden,

Reichen und Armen, Geburt und Tod, Kommen und Gehen.
Da gibt es auch keine Unterscheidung zwischen Gut und Böse,
Geben und Annehmen.

Durch das Maum hat mein Leben
einen Grund und eine Rechtfertigung gefunden.
Dort ist der einzige Ort, an dem sich alle Lebewesen treffen,
so wie alle Wasser in der Welt sich im Meer vereinen
und von dort auf unterschiedliche Weise die Welt verändern.

Im Maum treffen alle Prinzipien zusammen,

so wie sich die unzähligen Äste und Blätter
aus einer Wurzel entwickelt haben.
Von dort ist mein Leben auf die Welt gekommen,
wie eine Knospe im Frühling und es wird beendet,
so wie im Winter ein Baum seine Blätter verliert.

Das ist der Kreislauf von Geben und Erhalten,
so wie der Kreislauf von Tag und Nacht und das geht unendlich so weiter...

Dort ist der Urgrund des Universums
und die Allgegenwart der erleuchteten Heiligen,
gleichzeitig die wahre Natur aller Lebewesen.

Dort können wir versuchen, unser Leben neu zu beginnen.[11)]

●●● # 18

내 인생은 내가 만든다.

오늘도 어제와 같은 하루를 시작하셨나요?
아침이 되면 해가 떠오르고
나의 하루도 시작 되지요.
한 달 두 달…,
한 해 두 해…
그렇게 무한한 시간의 흐름 속에서 보면
이 세상은 언제나 그대로인 것 같습니다.

그러나 우주의 한 편에선
성주괴공의 변화가 일어나고,
가정에선 세대를 이어갈 아기가 태어나거나
늙거나 병들고 죽는 과정을 통해
변화가 이루어집니다.

그리고 몸과 입과 마음의 사용에 따라
진급 혹은 강급으로
해로움 속에서 은혜를 찾기도 하고 혹은,
은혜 속에서 해로움을 만들기도 하면서

한량없는 세계가 전개됩니다.

이 무량한 우주의 중심에 내가 있습니다.
그 변화의 주체는 바로 나입니다.

내가 나를 행복하게 할 수도 있고
내가 나를 불행하게 하기도 합니다.

어제의 행복을 오늘과 내일로 이어갈 수 있기도 하고
오늘까지의 불행이 내일은 행복으로 바뀔 수 있습니다.
오늘 이 순간 나의 심신작용에 따라….

오늘보다 나은 내일을 위해, 혹은
오늘의 행복을 지속하리라고 자신과 약속을 합니다.

나의 몸과 마음을 잘 지키고
일과 이치에 막힘이 없게 하며
나의 몸과 마음을 원만하게 사용하여
항상 은혜롭고 향상되는 삶이 되기를….[12)]

E ● ● # 18

You make your own life.

This morning, did you start the day just like yesterday?
In the morning, the sun rises
and your day begins as well.
One month, two months...
One year, two years...
Within the endless flow of time,
this world seems to stay the same.

But somewhere in the universe,
the transformation;
through the formation, subsistence, decay, and emptiness of the universe;
is happening.
And in a family the next generation is born
and a generation of past fades away.

Also, through the use of your
body, mouth and mind;

through progressing, regressing;
finding grace in harm
and creating harm from grace;
an infinite world unfolds itself.

You are the center of this infinite universe.
You are the principal of this cycle.

You are capable of making yourself happy,
and you are capable of making yourself miserable.

Yesterday' s happiness can be continued today and tomorrow,
and today' s misfortune can turn to happiness tomorrow.
It all depends on your mental and bodily functions today...

You must promise yourself
that you will better tomorrow than today,
or that you will make today' s happiness continue.

I hope you protect your body and mind perfectly,

use your body and mind perfectly,
know human affairs and universal principles perfectly
and have an always-graceful life.[13)]

Mein Leben baue ich selbst auf.

Haben Sie heute Ihren Tag genauso wie gestern begonnen?

Am Morgen geht die Sonne auf,
und dann beginnt auch Ihr Tag.
Ein Monat, zwei Monate…
Ein Jahr, zwei Jahre…
Im Angesicht der Unendlichkeit
sieht diese Welt immer gleich aus.
Aber auf der anderen Seite des Universums
läuft der Kreislauf von Werden-Bestehen-Vergehen und Leere weiter
In der Familie kommt durch die Geburt eines Babys
die nächste Generation.
Der natürliche Ablauf des Lebens bringt
Alter, Krankheit und Tod.

In diesem Kreislauf erfahren alle Menschen in der Welt
die unterschiedlichen Wirkungen des Lebens,
abhängig davon, wie sie mit ihrem Körper und ihrer Sprache
umgehen und mit dem Geist .

Deshalb kann man aufsteigen und absteigen,
oft unabhängig davon, woher man kommt.

In der Mitte des unermesslichen Universums, da bin ich.
Ich bin der Mittelpunkt des Wandels und der Auslöser.
Ich selbst kann mich entweder glücklich oder unglücklich machen.

Das Glück von gestern kann man weiter bestehen lassen,
bis morgen, sogar bis übermorgen….
Das Unglück von heute kann morgen schon Glück werden.
Es hängt davon ab, wie ich meinen Körper und meinen Geist einsetze.
Ich habe mir als Ziel gesetzt, einen besseren Morgen vorzubereiten
und das Glück zu erhalten und zu vergrößern.

So träume ich:
Ich schütze verantwortungsvoll Körper und Geist.
Ich studiere sorgfältig die vollkommene Weisheit und die Prinzipien.
Ich gebrauche stets Körper und Geist vollkommen
und in Ausgeglichenheit,
damit ich mich in meinem Leben entwickeln
und glücklich machen kann.[12)]

● ● ● # 19

나의 재산

사람의 몸은 엄청난 재산입니다.

주요 재산 목록을 볼까요?

* 세상을 바라볼 수 있는 눈
* 소리를 들을 수 있는 귀
* 숨을 쉬고 냄새를 맡을 수 있는 코
* 말을 하고 음식을 먹을 수 있는 입
* 외부 자극을 감촉하는 몸
* 나의 마음

부모가 나에게 해준 것이 없다고 생각하셨나요?
이 엄청난 재산을 주고 또 무엇을 주어야 하나요?

The most valuable asset

Your body is a great asset.

Let' s take a look at what you have;
The eyes that can see the world
The ears that can hear
The nose that can breath and smell
The mouth that can eat and speak
The body that can walk and move.

Did you ever think that your parents gave you nothing?
They gave you this tremendous fortune, and what more do they owe you?
If they raised you well to your adulthood,
they have shown you even greater grace.

Das wertvollste Vermögen

Der Körper des Menschen ist ein unermessliches Vermögen.
Möchten Sie die Liste dieser Schätze kennenlernen?

- Die Augen, die die Welt sehen können
- Die Ohren, die alle Geräusche hören können
- Die Nase, die atmen und riechen kann,
- Der Mund, der sprechen und essen kann
- Der Körper, der sich bewegen und irgendwo hingehen kann
- Der Geist

Hatten Sie schon einmal den Gedanken ,
dass Ihre Eltern Ihnen gar nichts gegeben haben?

Was soll man Ihnen denn noch geben,
nachdem Sie schon dieses unermessliche Vermögen erhalten haben?

●●● # 20

세상과 나

우리 삶에는 다양한 물건이 필요합니다.
그리고 구하다 없으면 다른 물건으로 대신합니다.
그런데 없으면
대신할 수 없는 것이 있습니다.

하늘의 공기, 땅의 바탕,
매일 뜨고 지는 태양과 달…
그 자연의 조화를 벗어나면 한 순간도 살 수 없습니다.

이 세상은 내가 없으면 의미가 없습니다.
그래서 나는 이 세상의 중심이지요.
그런데 만일 부모님이 나를 낳아주지 않았다면
몸이 없는 나는 어디 있을까요?

이 세상은 수많은 생명체들이 각각 자기의 일을 하며 살아갑니다.
사람, 동물, 식물…
그런데 풀 한포기 없는 우주의 공간에 나 혼자 있다면?

우리는 개인으로부터 가정 사회 국가 간에
다양한 규범을 정하고 살아갑니다.
우주는 사계절로 순환하며 자연의 법칙을 운용하지요.
순리(順理)와 공존을 위한 법이 없었다면
이 세상은 어떻게 되었을까요?

어느 누구도 이러한 은혜를 입지 않은 사람은 없습니다.
세상에 존재할 수가 없지요.
없어서는 살 수 없는 생명의 필수 조건적 은혜[13]입니다.

You and the world

We need many things for us to live.

If there are things you can’ t get, you try to replace them with others.

But what about things that you cannot live without?

All creatures in this world live by the grace of heaven and earth;

air of the sky, the foundation of the earth,

the sun and the moon rising and falling everyday...

Without the balance of this nature,

not a moment of life can continue.

This world is meaningless to you without your own existence.

That is why you are the center of the world you live in.

But if your parents didn’ t give birth to you,

where would you be - without your body?

This world operates by participation of all creatures;

people, animals, plants...

But what if you existed by yourself in an empty universe
without any other fellow beings?

We live based on various laws
applied between individuals, families, societies and countries.
The universe applies the law of nature, cycling through four seasons.
Without the law of nature and law of coexistence, what would happen to this world?

There is no one in the world whom is not blessed by these four graces.
It is impossible.
They are the necessary graces for life.[14)]

Die Welt und ich

Für unser Menschenleben brauchen
wir viele verschiedene Dinge.
Und wenn wir sie nicht finden können,
erhalten wir einen Ersatz dafür.
Aber es gibt auch etwas,
was man gar nicht ersetzen kann.

In der Welt leben alle Lebewesen
aufgrund der Natur des Universums.
Die Luft im Himmel, die Erde als Urgrund aller,
die Sonne und der Mond,
die jeden Tag auf- und untergehen ...
Wir könnten gar nichts sein,
ohne die harmonische Kraft der Natur.

Ohne mich hätte die Welt keine Bedeutung.

Wenn meine Eltern mich nicht bekommen hätten,
wo wäre ich, wenn ich keinen Körper hätte?

In der Welt wohnen unterschiedliche Lebewesen,
Menschen, Tiere und Pflanzen.
Wenn ich allein auf der Welt wäre, ohne andere Lebewesen,
was wäre dann?

Für das Menschenleben gibt es Gesetze oder Regeln,
für Individuen, Familien, Gesellschaften und Regierungen.
Das Universum führt uns aufgrund der Naturgesetze
durch vier Jahreszeiten.
Wenn es keine Gesetze für Vernunft und Koexistenz in der Welt gäbe,
wie sähe die Welt aus?

Von diesen Regelungen durch die Gesetze
kann man niemanden befreien,
ohne sie kann man nicht existieren.
Diese Gesetze sind notwendig für alle Lebewesen.[13)]

●●● # 21

행운의 선물

누군가가 나를 위해 작은 선물을 하거나
필요한 도움을 준다면 고마움을 느낍니다.
그리고 나도 비슷한 방법으로 보답하려 합니다.

그런데 만일 꼭 필요한,
없으면 살 수 없는 큰 선물을 받았거나
누군가가 위기에서 구해주었다면
아마 평생 잊지 않고 보답하려 할 것입니다.
우리는 없으면 살 수 없는 큰 선물을 이미 받은 존재입니다.

오늘 생을 마친 사람에게
내일 아침은 오지 않습니다.
매일 아침 해가 동쪽에서 솟아오르고
나는 아침에 눈을 뜨고 일상의 하루를 시작할 수 있다면
이 평범의 하루보다 더 큰 선물과 기적이 있을까요?

많은 사람들이 로또에 당첨되기를 바라지만...
평범의 하루가 주어진 사람이라야

로또의 행운도 가능하겠지요.

하늘과 땅, 부모로부터 받은 나의 몸,
각각의 일터에서 자리를 지켜주고 있는 사람들과
정원 한 자락에 서 있는 나무와 풀, 강아지, 고양이…,
여전히 공존할 수 있는 세상의 질서.
이것이 바로 우주가 나에게 매일 아침 마련해주는
엄청난 행운의 선물입니다.[14)]

E ● ● # 21

A gift

If someone gives you a small gift or offers you help when it is needed
you would feel thankful and try to give back.

But if someone gave you something
absolutely necessary that you could not live without,
or saved you from a big crisis,
you would try to give back for the rest of your life.
Well, you are given that gift that you could not live without.

To someone whose life ended today,
there is no tomorrow.
Today when the sun rose from the east
you opened your eyes and went on with your day.
Could there be a bigger gift or miracle than this ordinary day?
Many people wish to win a lottery.
But even the luck of winning a lottery is reserved
to people given this ordinary day.

Heaven and earth, your body given from your parents,
everyone at their jobs, a tree growing at a park, a dog, a cat,
to the order of the world that lets us all co-exist:
these are the gifts given to you by the universe every morning.[15)]

Ein Geschenk des Glücks

Ich wäre sehr dankbar, wenn jemand mir eine Kleinigkeit schenken
oder mir eine notwendige Hilfe geben würde.
Dann würde ich mich gerne auf ähnliche Weise bedanken.

Aber wenn man mir ein wirklich notwendiges Geschenk
machen würde,
ohne das ein Weiterleben nicht möglich wäre,
dann würde ich das mein ganzes Leben lang nicht vergessen
und den anderen dafür belohnen.

Solche lebensnotwendigen Geschenke haben wir bekommen.
Aber für den, der heute gestorben ist, kommt kein Morgen mehr.

Jeden Morgen geht die Sonne auf im Osten.
Ich wache auf und dann beginne ich mit dem Alltag.

Gibt es ein größeres Geschenk oder Wunder,
als einen normalen Tag zu beginnen?

Viele Menschen erwarten einen besonderen Gewinn.
Aber nur, wenn man das Glück eines normalen Tages bekommen hat,
ist auch ein anderer Gewinn möglich.

Der eigene Körper, den ich von Himmel und Erde
und von den Eltern bekommen habe,
die Menschen, die mit Hingabe an ihrem Arbeitsplatz
ihren Dienst verrichten,
und der Baum, der im Garten in der Ecke steht,
die Kräuter, ein kleiner Hund und die Katze…,
und die Regeln, die unser Zusammenleben ermöglichen.

Das sind die großartigen Glücksgeschenke,
die mir das Universum jeden Tag schenkt.[14)]

●●● # 22

행운의 주인공

행운의 주인공이 된 사람은
현재의 행복을 누군가와 함께하고 싶어 합니다.
그리고 일부만이라도 보답하고 싶겠지요!

그런데 제일 먼저 할 일은
나에게 행운이 주어졌음을 알고 확인하는 일입니다.
많은 사람들이 자기의 행운을 알지 못합니다.
자기에게 보물이 있음을 아는 사람은
그 가치를 확인하고 관리합니다.
행운이 주어졌음을 알면 감격하게 되겠지요.
감격한 사람은 그 생각과 말과 행동이 달라집니다.

E ●● # 22

A lucky winner

A lucky winner will always want
to share the happiness with someone else,
wanting to give back at least some of it!

But before that,
one must realize the fortune that is given.
Many people don' t realize how fortunate they are.
Someone who is aware of his own treasure
will know how valuable it is and will maintain it.
He will be moved to find how lucky he is.
Someone who is moved will think, speak and act differently.

Der Gewinner des Glücks

Der Gewinner eines Glücks will vielleicht mit jemandem teilen.
Und wahrscheinlich wird man ihm dafür danken.

Aber die wichtigste Aufgabe des Gewinners ist,
dass er zuerst erkennt, dass er ein Gewinner ist.
Er muss auch bestätigen, dass das der richtige Gewinn ist.
Die meisten Leute aber erkennen ihr Glück nicht.

Wenn man weiß, dass man selber ein Juwel hat,
bemüht man sich darum, sich den Wert bestätigen zu lassen
und wird es sicher aufbewahren.
Wenn der Mensch weiß, dass ihm das Glück gegeben wurde,
ist er ergriffen.
Wenn er ergriffen ist, werden sich seine Gedanken, seine Sprache
und seine Aktionen verändern.

●●● # 23

감사의 씨앗으로

행운의 주인공인 나는 벅찬 가슴으로
고마움의 씨앗들을 뿌릴 생각을 합니다.

그러면 내가 뿌릴 씨앗들을 골라볼까요?

모든 생명을 살리는 은혜를 베풀고도 흔적이 없는
하늘과 땅처럼 나도 누군가에게 도움을 주되,
주었다는 생각을 갖지 않기로 할 씨앗.

이 몸을 낳아 길러주신 부모님의 자비로움과 같이
무자력한 사람을 보호하고 도와주려는 씨앗.

세상의 다양한 사람들이 학술과 농업, 공산품 생산과 유통 등
천만 가지의 직업으로 각자의 일을 하면서
내가 필요한 것을 구할 때 도움이 되고 의지가 되고 공급해주는
동포의 은혜로움을 입었으니
나도 이롭고 남에게도 이로운 삶이 될 수 있는 씨앗.

입법 사법 행정으로 안녕질서를 유지해주는 세상에 감사하며
인도정의의 공정한 법칙을 실천할 씨앗.[15)]

E ●● #23

Seed of gratefulness.

As a recipient of a great fortune,

you should be ready to plant the seeds of gratefulness.

What kind of seeds will you plant?

A seed that will let you help others without remembering it,

as heaven and earth gave everyone life but never asked for anything?

A seed that will let you help and protect incompetent ones;

as your parents did when they gave birth to you and raised you with endless mercy?

A seed that will let you benefit yourself and others,

as you have been graced by fellow beings;

Beings who helped and supported your needs

by being faithful to their thousand different

scholarly, agricultural, industrial and commercial occupations?

A seed that will let you be just;

as the world keeps itself in order

with its legislative, judicial, and administrative operation?[16)]

G ● ● # 23

Die Samen der Dankbarkeit

Als Gewinner des Glücks bin ich so ergriffen,
dass ich einige Samen der Dankbarkeit aussäen will.
Aber muss ich die Samen auswählen?
Die Natur, der Himmel und die Erde haben allen Lebewesen
das Leben geschenkt, geben aber keine Hinweise darauf,
dass sie uns etwas gegeben haben.

Ich möchte den Kern säen
und obwohl ich jemandem damit helfe,
sollte ich loslassen, nicht mehr daran denken
und keine Belohnung erwarten.

Wie die Eltern, die mich zur Welt gebracht haben
und sich mit Liebe um mich gekümmert haben,
sollte auch ich einen Kern säen,
so dass ich anderen Schwachen helfen
und mich so um sie kümmern kann.

Die Menschen in der Welt

arbeiten in unterschiedlichen Berufen und helfen einander.
Ich kann dank meiner Mitmenschen
alle notwendigen Hilfen für mein Leben bekommen.
Deshalb sollte ich einen Kern säen,
damit wir alle gut zusammen leben können.

Ich bin sehr dankbar für die Gesetze der Welt,
die durch Verwaltung und Politik für uns
die öffentliche Ruhe und Ordnung aufrechterhalten können.
Ich sollte einen Kern säen, damit die guten, sinnvollen Gesetze
befolgt werden.[15)]

●●● # 24

아름다운 세상

정원을 가꾸는 사람은 때에 맞춰 씨앗을 뿌리고
꽃을 심고, 나무를 손질하며
그들이 제각각의 생명력으로 자라서 조화를 이루어
아름다운 정원이 되도록 정성을 다합니다.

이 세상도 우리가 심고 가꾸어야 할 정원입니다.
인권평등이 이루어지는 세상
지식평등이 이루어지는 세상
교육평등이 이루어지는 세상
생활평등이 이루어지는 세상으로.

오랜 동안 빈곤과 차별,
전쟁과 질병으로 어지럽혀진 이 세상을….

사람은 매 순간 씨앗을 만들어 냅니다.
몸과 입과 마음으로
내가 몸을 움직여 행동으로 보여준 것,
내가 누군가에게 말 한마디 건넨 것, 그리고

무엇인가에 대해 생각한 것들은
한 알의 씨앗처럼 어딘가에 자릴 잡으면서
어느 땐가는 그 결과가 돌아오게 되지요.
마치 민들레꽃의 무수한 씨앗이 허공으로 흩어졌다가
어딘가에서 다시 꽃을 피우듯이….

몸과 입과 마음으로 뿌려지는 씨앗들이
아름다운 세상을 함께 이뤄갈 수 있기를 염원합니다.[16)]

E ● ● # 24

A beautiful world

Someone tending a garden
puts in a lot of effort to make it a beautiful garden,
by letting each life grow into balance,
by watering and pruning at the right time.

This world too, is a garden that we need to tend.
The world, disrupted with long-lasted
poverty, discrimination, war and diseases
needs to grow into a world of
equal human rights,
equal knowledge,
equal education,
and equal living.
People plant seeds every moment
with their body, speech and mind.
Something you showed with the action of your body,
something you said to somebody,
and something you thought about:

they all settle somewhere like a seed.
The result will affect you at some point,
as countless dandelion seeds scatter through the world
and grow flowers somewhere unknown...

This is is the principle of karma.[17)]

G ● ● # 24

Unsere wunderschöne Welt

Ein sachkundiger Gartenbesitzer sät zu einer bestimmten Zeit Samen und pflanzt Blumen oder er kümmert sich um einen Baum, damit alles Leben im Garten gut wächst und miteinander harmonisiert
und so ein schöner Garten entstehen kann.

Diese Welt ist auch wie ein Garten, um den wir uns zusammen kümmern sollten.

Die Welt, die so lange Zeit aufgrund von Armut, Diskriminierung und Krieg oder durch Krankheiten schwächer geworden ist,
sollte Stärke gewinnen durch Freiheit und gleiches Recht
und Chancen für alle.

In jedem Moment produzieren Menschen den Kern

- mit dem Körper, mit dem Mund und mit dem Geist
- durch alles, was ich mit dem Körper bewegt habe
- durch alles, was ich gesagt habe
- durch alles, was ich gedacht habe

Der Kern wird ausgesät und bringt eine Wirkung,
wie der Löwenzahn, der eine unermessliche Anzahl von Samen
in die Luft entsendet und irgendwo, irgendwann
wieder neue Blumen blühen lässt…

Ich wünsche, dass unsere Samen, die wir mit Körper, Mund und Geist säen werden, helfen, eine schönere und bessere Welt aufzubauen.[16)]

●●● # 25

밝은 세상으로

과거에는 남의 것을 빼앗아서라도
나만 이로우면 되는 줄 아는 사람들이 많았습니다.
다른 민족을 지배하고, 차별하고 학대했습니다.

어리고 어두운 세상이었기 때문이지요.
보이지 않으니 바르게 알 수 없었고,
공존하는 세상의 원리를 몰랐기 때문입니다.

그러나 어둠을 밝히려는 사람들의 헌신과
모두가 행복을 추구할 권리가 있음을 알게 되면서
우리 앞의 세상은 달라지기 시작했습니다.

사람이 중심이 되는 세상이 된 것이지요.
그것을 인권시대라 합니다.

그동안 어둠을 밝혀온 사람들이 있습니다.

사람의 마음이 가진 가능성,

마음의 씨앗을 골라 심고 가꾸어
자신의 진정한 주인이 되었던 성자들이지요.
그리고 누구나 성자가 될 수 있도록 세상을 밝혀주었기에
오랜 세월이 지나도록 많은 사람들이 그 빛에 의지합니다.

E ●● # 25

To a brighter world

In the past, many people didn’ t care if they harmed others
as long as it benefited themselves.
People ruled, discriminated and abused others.

It is because it was a juvenile and dark world.
It was too dark for people to see what was right
and people didn’ t know the principle of coexistence.

But the world ahead of us is starting to change.
Because of the dedication of people who tried to light up the darkness,
people learned their rights to pursue equal happiness.

People are becoming the center of the world.
This is the age of human rights.

There are people who have been brightening the darkness.

They are the enlightened ones

who selectively sowed the seeds of mind

and became the true owner of themselves.

They brightened the world so anyone could become enlightened.

For ages, people are able to rely on that light.

In eine helle Welt

In der Vergangenheit gab es viele Menschen, die dachten, dass man nur für sich selbst leben sollte und sogar anderen etwas wegnehmen dürfte.

Sie haben andere Völker beherrscht, diskriminiert
und schlecht behandelt,
weil die Welt nicht erwachsen, sondern dunkel war.
Wegen der Dunkelheit und Torheit
konnte man sich nicht klar erkennen
und die Menschen wussten nichts von den Prinzipien der Koexistenz.

Aber es gab auch Menschen, die sich bemühten,
die Dunkelheit zu erhellen und uns darüber aufzuklären,
dass alle Menschen ein Recht auf Glück haben.

Danach begann unsere Welt sich zu verändern.
In dieser Welt stehen die Menschen an erster Stelle.
Diese Zeit nennen wir deshalb „ Zeit der Menschenrechte".

Es gab Menschen, die die Dunkelheit erleuchtet haben.
Sie haben sich mit den Möglichkeiten
des menschlichen Geistes zu Heiligen entwickelt.
Sie haben den sorgfältig ausgesuchten Samen eingepflanzt
und sich gut darum gekümmert, um als wahre Besitzer des Selbst
erfolgreich wirken zu können.
Sie haben unseren Weg erhellt,
damit wir auch zu Heiligen werden können.
Auf diese Weise wurden viele Menschen lange Zeit
durch dieses Licht unterstützt.

●●● # 26

성자의 씨앗

우리가 몸과 입과 마음으로 심는 씨앗을 업이라 합니다.
그런데 이 세 가지 가운데 가장 중요한 씨앗은
마음의 씨앗입니다.
마음은 나의 주인 노릇을 하며
말의 씨앗과 몸의 씨앗을 조종하니까요.[17)]

내가 고른 마음의 씨앗은 나와 가족,
이웃과 사회, 국가 그리고 세계에도 영향을 줄 수 있습니다.
인류의 역사에 이름을 남긴 사람들,
매일 대중매체를 통해 알려지는 사람들이 뿌린 씨앗처럼.

여러 가지의 열매를 맺는 씨앗 중에
가장 좋은 씨앗은 성자가 되는 씨앗입니다.
깨달음을 얻고 자비를 베풀 수 있는 씨앗
사랑을 실천할 수 있는 씨앗
어질고 바르게 살도록 하는 씨앗
어려운 사람이 함께 행복해지도록 하려는 씨앗
인권시대의 바른 지혜를 일깨워주고

누구나 자신의 삶을 창조적으로 살아갈 수 있도록 하는 씨앗

이 씨앗들이 모두 마음의 씨앗들입니다.
나의 마음에 이러한 씨앗을 심는다면
나의 삶이 나는 물론 타인에게도 기쁨과 행복이 되겠지요.

The seeds of the enlightened ones.

The seeds that we sow with our body, speech and mind are called karma.

The most important seed of all

is the one planted with your mind.

Since the mind controls the seed of speech and the seed of body,

it is the true owner of yourself.[18)]

The seed of mind you choose

can affect yourself, your family, your neighbors, your society and even the world;

just like the seeds of historical people or

people who are shown on multi-media every day do.

Among many seeds that ripen into various fruits,

the best kind will ripen as an enlightened one.

A seed that enlightens you and lets you be merciful. I would take out "enlightens you and"

A seed that loves.

A seed that is kind and honest.

A seed that gives unfortunate ones happiness

It is a seed that enlightens the true wisdom of the age of human rights

and lets everyone live creative lives.

All these seeds belong to the mind.

If you plant these seeds in your mind,

your garden (instead of it) will bless not only your life but others' as well

Der Kern des Heiligen

Der Kern, den wir mit Körper, Mund und Geist einsetzen,
heißt Karma.
Unter den drei Kernen ist der Kern des Geistes der wichtigste.
Der Geist arbeitet als Besitzer von mir
und leitet die Kerne von Mund und Körper.[17)]

Der Kern, den ich auswählte, wirkt auf mich,
auf die Familie, die Nachbarn,
die Gesellschaft, sogar auf Länder und die ganze Welt.
Diese Kerne kennen wir aus der Weltgeschichte
und erfahren von ihnen jeden Tag in den Medien.

Unter den verschiedenen Kernen ist derjenige der beste,
aus dem ein Heiliger werden kann.

- Mit ihm kann man sich selbst erleuchten und für andere Gutes tun.
- Mit ihm können Menschen lieben.
- Mit ihm kann man gut und richtig leben.
- Mit ihm kann man zusammen mit armen Menschen

das Glück erlangen.

- Mit ihm kann man die richtige Weisheit
  des Menschenrechtes lehren
  und jedem helfen, sein Leben selbstständig und weise zu führen.

Das sind die Kerne des Maum.

Wenn ich in meinem Maum diesen Kern einsetze,
könnte ich mir selber und natürlich anderen
Freude und Glück schenken.

●●● # 27

마음으로 만드는 세상

성자들은 우리와 다른 모습을 하지 않았습니다.
함께하는 사람들을 항상 이롭게 하고자 했지만
결코 돈이 많은 재벌도 아니었습니다.

그러나 한 가지 무엇이든 이룰 수 있다는
여의보주를 지니고 있었을 것입니다.
마음에 욕심을 떼고,
하고 싶은 것과 하기 싫은 것이 자유로운….[18]

마음은 잡으면 있게 되고 놓으면 없어지지요.
그 마음을 잡아서 펼치면
펼치는 만큼 드넓은 벌판이 되기도 하고
텅 빈 허공이 될 수도 있습니다.
이 세상을 모두 품에 안을 수 있기도 하고
자기 자신조차도 담을 수 없어
극단적인 행동으로 삶을 포기하는 경우도 있습니다.

우선 내 마음을 잡아 그 가능성을 살펴볼까요?

A world sculpted with minds

The enlightened ones never took different shapes from others.
They always tried to benefit others,
but they were never so rich.

They probably had a wish-granting marble in their minds;
Free of greed,
and free of willing and unwilling minds...[19)]

A mind is visible when you seek for it but it will disappear if you look away.
If you stretch it,
it can spread as wide as a meadow,
and it can also become a vast void.
It can hug the entire world,
but it can also fail to hug oneself,
leading people to dramatically end their lives.

Try to look for your mind, and find out what it is capable of.

Die Welt mit dem Maum aufbauen

Heilige haben keine andere Gestalt als wir.
Sie waren nicht reich, wollten aber immer Gutes für andere tun.
Vielleicht besaßen sie nur eine kostbare, mystische Glaskugel,
mit der man Menschen von Habgier oder Begierden befreien konnte.

Unser Maum hat einen besonderen Charakter.
Wenn man es ergreift, ist es da,
aber wenn man es loslässt, findet man nichts.
Wenn man das Maum empfängt und die wichtigen Übungen macht,
wird es sich weiter entwickeln und zu einem großen Raum werden
und sich mit dem Himmel vereinen.[18)]

Das Maum kann die ganze Welt umfassen.
Es kann aber auch klein und eng bleiben.
Dann kann man sich nicht weiter entwickeln
und auch nicht mit anderen in Harmonie leben.

Also versuchen wir zuerst,

unser Maum zu empfangen und über die Möglichkeiten nachdenk-
en,
wie wir es entwickeln können.

#28

어디에서 시작 하는가

매일 아침 태양이 새롭게 떠오릅니다.
하루는 24시간을 일정한 속도로 운행하고
다시 0에서 시작합니다.

무게를 측량하는 저울은 0에서 시작해야 정확합니다.

사람의 마음도 시작되는 자리가 있습니다.
모든 생령이 나온 자리,
모든 성자들의 깨달음의 자리, 그래서
나와 우주가 서로 통할 수 있는 자리.

그곳에서 보면
내 삶에서 만나는 장벽이 결국
내 스스로 만든 것임을 알 수 있습니다.

도둑의 아들이 갇혔던 벽장이나
어린 아이의 자폐의 벽,
내가 어린 시절에 나오지 못했던 동그라미 선과

어느 순간 답답하게 느껴지는 삶의 테두리가
그곳에는 존재하지 않기 때문입니다.

마음을 바라보면서 스스로 그 자락을 늘려보는 것,
수도인들이 구도를 하는 것
禪을 하는 것은
모든 것이 시작된 그 자리를 회복하기 위함입니다.

텅 비었기에
모든 가능성으로 충만되어 있는 우주의 중심
성자들이 원하는 대로 사용할 수 있었던 마음자리

선과 악, 차별이 없고
욕심과 분노로 물들지 않고,
어리석음으로 가려지지 않은 그 바탕,
그 가운데 진정한 내가 있는 것입니다.[19)]

Where does it begin?

Every morning a new sun rises.
A day moves uniformly through its 24-hours
and starts over again at 0.

A scale needs to start at 0 to be accurate.

There is a zero point for your mind as well.
It is where all spirits came into being
and where all enlightened ones became conscious
Therefore, it is where you and the universe can communicate with each other.

If you look from this point,
you will realize that
the barriers of your life are your own creations.

Because;
the closet the thief' s son was locked in,
the autism of the young boy,

the circle that confined me in my youth,
and the boundary of life that strains at you
do not exist there.

Looking at your mind and stretching its boundaries,
monks seeking truth,
meditating:
All of these are efforts to return to the point
where everything came into being.

The center of the universe
charged with endless possibilities in its vast emptiness:
this is the place of mind the enlightened ones were able to use at their will.

The foundation where
there is no distinction between good and evil,
it is not tainted with greed and anger,
and not obstructed by stupidity:
Your true self belongs there.[20)]

Was ist der Beginn?

Jeden Morgen geht die Sonne neu auf.
Jeder Tag verläuft regelmäßig, ein Ablauf von 24 Stunden.
Und auch bei der Waage muss man unbedingt bei '0' starten.

Bei unserem Maum gibt auch einen bestimmten Startpunkt.
Alle Lebewesen haben da ihren Ausgangspunkt und befinden sich in einem Zustand, den alle Heiligen erleuchtet haben und in dem man mit dem Universum kommunizieren kann.

An dem Punkt kann ich erkennen,
dass ich die Wand im Maum selbst produziert habe
und dass sie nicht von außen gekommen ist.

Am Startpunkt gibt es weder den Wandschrank,
in dem der Sohn des Meisterdiebs gefangen war,
noch die innere Wand in dem Jungen
und auch nicht den Kreis, den ich aus meiner Kindheit kenne,
und auch andere Grenzen des Lebens gibt es da nicht.

Wir müssen meditieren und versuchen, unser Maum zu erweitern. Auf dem Weg dahin trainiert man und das Ziel der Meditation ist, den Ursprungszustand wieder herzustellen.

Das Zentrum des Universums ist leer
und gibt uns alle Möglichkeiten.
Mithilfe dieser Leere konnten sich die Heiligen
von ihren Wünschen befreien.
Da gibt es keinen Unterschied zwischen Gut und Böse,
keine Begierden und keine Wut.

Das ist der von Torheiten befreite Urgrund,
in dessen Mitte das wahre Selbst steht.[19)]

\# 29

다시 찾은 보물

오래 방치된 건물에 들어가 보면
거미줄과 먼지로 모든 것이
본래 지닌 색깔을 드러내지 못합니다.

고분에서 발굴되는 보석들도,
퇴색하고 흙에 묻혀 있습니다.
거울도 오래 닦지 않으면 잘 보이지 않습니다.

그런데 거울을 닦으면 다시 내 얼굴이 보이고
고분에서 나온 보석도 닦으면
다시금 빛을 발합니다.

우리는 눈앞에 펼쳐진 세상과
내 손으로 잡고 있는 현실에 끌려
아주 오랜 동안 나를 방치한 채 살아갑니다.

수면 위에 출렁이는 파도와 같은 현실
그 밑바닥엔 본래 파도가 없음을 모른 채

그것이 다만 풍랑인 줄 모른 채
그것을 삶의 전부로 알고 살아갑니다.
때론 집착하고
때론 분노하고
때론 아무것도 안 보이는 어둠 속에서.

"한 풍랑이 일어나매 사해 물이 요란하더니
한 풍랑이 그치매 천하 만방이 안연하도다"[20)]

우리 마음도 이와 같습니다.
파도 끝에 매달려 아우성치는 나의 마음을
풍랑이 멈춘 본래 바다로 회복시키는 것,
이것이 禪을 통해 닦고 찾아내야 할
나의 참된 자아입니다.

A treasure retrieved

If you walk into an abandoned building
its true color is no longer there,
covered by dust and cobwebs.

Old treasures found in old burial grounds
are discolored and covered with dirt.
Mirrors, too, cloud up if you don' t clean them for a while.

But if you wipe your mirror clean,
you will be able to look into it again,
and treasures from old burial grounds
will shine again if cleaned.

We are often blinded by the world in front of us
and dragged by the reality we cling onto,
and end up neglecting ourselves for a long time.

Reality is like a wave rolling on the surface of water.

We often live as if that reality is all there is to life.
Without knowing that there are no waves underneath the surface
and it is merely wind rolling the waves...
Sometimes attached,
sometimes angry,
and sometimes in complete darkness...

"As wind blows, the ocean starts to tremble,
and as wind fades away, the whole world is silent"[21)]

Our mind is just like this.
Bringing the mind, trembling on the tip of waves,
to the calm waveless ocean that it truly is;
this is the true self
that needs to be found through meditation.

Ein Juwel, das ich wieder zurückgefordert habe

Wenn wir ein altes Gebäude betreten,
wo lange Zeit einfach alles liegen gelassen wurde,
gibt es da viel Staub und auch Spinnweben.
Alle Dinge haben ihre ursprüngliche Farbe verloren.

Die meisten Schätze, die in alten Gräbern gefunden wurden,
haben sich verfärbt oder sind noch von Erde bedeckt.
Der Schatz aus dem alten Grab strahlt wieder,
wenn man ihn gereinigt und poliert hat.

In einem Spiegel kann man auch nichts klar erkennen,
wenn man ihn lange Zeit nicht geputzt hat.
Aber wenn ich den Spiegel gereinigt habe,
kann ich mein Gesicht wieder klar sehen.

Wir leben einfach zu lange,
ohne uns um unser Inneres zu kümmern,
weil wir von den Notwendigkeiten des Alltags

zu sehr beansprucht werden.

Die Realität ist wie eine Welle auf dem Meer.
Auf dem Boden des Meeres gibt es eigentlich keine Wellen.
Wir leben, ohne zu erkennen, dass die Realität nur eine Welle ist.
Wir denken, dass sie das ganze Leben ist.
Wir leben in den Wogen der Welle,
haften manchmal an ihr,
empfinden manchmal Wut
oder leben in der Dunkelheit, in der man nichts erkennt.

"Eine Welle kommt,
Alle Meere der Welt bewegen sich.
Die Welle schläft,
Die ganze Welt ist ruhig."[20)]

Unser Maum ist auch so.
Es schreit auf der Spitze der Welle nach einem friedlichen Meer.

Das ist die wahre Natur, die man durch Meditation finden kann.

30

바라본다는 것

천진한 아기의 얼굴을 바라보신 적이 있나요?
아무리 보아도 또 보고 싶어지는 사랑하는 이의 얼굴,
신비로움마저 느껴지는 새로 피어난 꽃
망원렌즈를 통해 보이는 작은 꽃의 섬세함,
텅 비었는데 시리도록 파란 하늘.

그리고 거울 속에서 마주보고 있는 나.

눈으로 보이는 세상
귀를 통해 들려오는 세상
코를 통해 들어오는 세상
입으로 맛을 느끼는 세상
몸으로 감지되는 세상, 그리고
마음으로 받아들이는 세상을 바라봅니다.

그러나 눈에는 물체가 없으며
귀에는 소리가 없습니다.
코에는 냄새가 없고

입에는 맛이 없습니다.
몸은 다른 물체와 닿지 않으면 느낌이 없습니다.
마음도 마찬가지입니다,
본래 마음은 텅 빈 허공과 다르지 않지요.

그 본래의 모습을 바라보노라면
매 순간 변하는 나를 발견할 수 있습니다.
욕심 앞에서 출렁거리며
분노로 광분하거나
어둠 속에서 더듬거리듯 바른 길을 찾지 못하는….

바라볼 수 있는 마음이
진정한 나의 주인입니다.
그리고 바라볼 수 있을 때 바로잡을 수 있습니다.

E ●● # 30

Seeing

Have you ever stared at the face of an innocent baby?
How about a loved one' s face that you miss the moment you turn away?
A newly-bloomed flower that is so mysterious?
The delicate features of a flower seen through a macro lens?
An empty sky chillingly blue?

And you, staring back at yourself in the mirror?

Now look at the world seen through your eyes,
heard through your ears,
smelled through your nose,
tasted through your mouth,
felt through your body,
and absorbed through your mind.

But your eyes don' t have a figure,
your ears don' t have a sound,

your nose doesn' t have a smell,
your mouth doesn' t have a taste,
and your body doesn' t feel unless touched.
Same goes for the mind;
your original mind is no different than an empty void.

If you observe that principle form, the original mind,
you will be aware when it changes;
trembling with greed,
frantic with anger,
or stumbling around, lost in darkness...

The mind that sees this
is the true owner of yourself.
And when you see that,
you can finally correct yourself.

Über das Beobachten

Haben Sie schon einmal das Gesicht
eines unschuldigen Babys beobachtet?
Oder das Gesicht der Liebe,
das man immer wieder sehen möchte?
Vielleicht auch eine gerade aufgeblühte Blume,
die so klein ist, dass man sie kaum erkennen kann?
Bestimmt auch schon einmal den vollkommen leeren, blauen Himmel,
der uns trotz seiner Klarheit blenden kann.

Ich sehe mich im Spiegel.
Ich sehe die Welt mit meinen Augen.
Ich höre die Welt mithilfe meiner Ohren.
Ich erforsche die Welt durch meinen Mund.
Ich fühle die Welt mithilfe meines Körpers und meiner Sinnesorgane.
Ich beobachte die Welt, die ich durch das Maum annehmen werde.

Aber …

In den Augen gibt es keine Dinge.
In den Ohren gibt es keinen Laut.
In der Nase gibt es keinen Geruch.
Im Mund gibt es keinen Geschmack.
Ohne Berührung fühlt der Körper nichts.

So ist auch das Maum.
Das ursprüngliche Maum ist nicht anders
als der vollkommen leere Himmel

Wenn ich das ursprüngliche Maum beobachte,
kann ich mich selbst finden.

Es ändert sich in jedem Moment wellenartig,
abhängig von meinen Gefühlen,
von meinen Begierden und von meiner Wut.

Es lässt mich im Dunkeln den richtigen Weg ertasten.

Das Maum, das man beobachten kann, ist das Maum des Besitzers.
Und wenn man es beobachten kann, kann man es auch erweitern.

●●● # 31

고독함과 절박함

우리는 가끔 거울을 봅니다.
옷을 갈아입거나 외출 준비를 하면서,
혹은 상가에 설치돼 있는 거울 앞을 지나가면서.

그동안 가끔 나의 현재를 확인하면서
자신을 안다고 생각했지만,
내가 알고 있던 나는
욕심과 성냄과 무명의 벽장 안에 갇혀있는
나인지도 모릅니다.

가장 신뢰할 수 있는 아버지를 통해
죽음의 위기에 직면한 도둑의 아들…,
그는 그 위기에서 빠져나와 도망을 칩니다.

고독한 존재로서의 자신을 바라보는 것,
스스로 벽장에서 빠져나와 자신의 집으로 돌아오는 것은
가장 급하고 절박한 과제일 것입니다.

E ●● # 31

loneliness and desperation

Sometimes we look in a mirror
while changing, getting ready to go out,
or walking by a store with mirrors installed.

You might have thought that you knew yourself -
staring at yourself in your current state.
But you might actually have been looking at yourself
trapped in a closet of greed, anger and ignorance.

When trapped alone in a state of near death by his own father,
the thief' s son was able to make his escape.

Similarly, seeing yourself as a solitary figure
escaping the closet on your own to return home
is an urgent and desperate task.

Die Einsamkeit und die Notwendigkeit

Wir sehen manchmal in den Spiegel,
wenn wir unsere Kleidung wechseln
oder uns zum Ausgehen vorbereiten.

Oder ich sehe mich wie in einem Spiegel,
wenn ich an einem Geschäft vorbeigehe
und in das Schaufenster blicke.

Lange Zeit habe ich gedacht,
dass ich mich so beobachten
und mich selbst erkennen könnte.

Aber ich erkannte nicht mein wahres Selbst,
sondern fühlte mich wie in einem Wandschrank eingesperrt,
weil ich vielleicht in meinen Begierden,
in meiner Wut und in meiner Torheit gefangen war.

Durch den Vater, dem er vertraute,

wurde der Sohn des Meisterdiebs Gefangener in dem Wand-
schrank,
konnte sich aber aus eigener Kraft aus dem Gefängnis befreien.

Eine wichtige Aufgabe, die uns gegeben ist, besteht darin
zu erkennen, dass wir einsame Wesen sind
und uns selbständig aus dem Gefängnis befreien müssen.

●●● # 32

어둠과 밝음

언어를 익히지 않고 다른 나라에 가면
글씨를 보아도 무엇을 알리기 위함인지 알 수 없고
누군가가 말을 건네도 알아듣지 못할 뿐 아니라,
나의 생각을 말로 전달 할 수도 없습니다.

종교의 핵심적 기능은
사람의 마음사용법을 밝히는 데 있습니다.
성자들이 자유롭게 사용했던 마음과 둘이 아닌
본래의 내 마음을 찾아
스스로 몸과 입과 마음으로 뿌려 놓았던 業으로 인해
인생길에 드리워져 있는 어둠의 장막을 걷어내고
밝게 보이는 세상,
길의 이정표와 방향을 정확히 알고
가야 할 목적지를 찾아가기 위한 공부를 하는 것입니다.[21]

Darkness and brightness

If you go to a foreign country without learning their language you won' t know the meaning when you stare at a sign, you won' t understand if someone talks to you, and you won' t be able to communicate your thoughts to others. You will feel helpless since you never even thought about your insufficiency in that language.

It is because your ability to analyze and interpret is draped with an invisible veil of unknowingness.

The main function of a religion is in learning your mind' s operation manual.
With this, you can locate your original mind, identical to the minds of enlightened ones.
You can tame it to become the true owner of yourself, and learn and practice the principles of the universe to apply it in your life.

You study to remove the veil of darkness draped over your life path.

You walk through life sowing countless seeds of karma with your body, speech and mind

and reach your destination,

knowing the milestones and the directions of the path

in a brightly lit world.[22)]

Dunkelheit und Licht

Wenn man ein Land besucht und die Sprache nicht beherrscht,
kann man nichts verstehen und auch die Schrift nicht lesen.
Wenn man angesprochen wird, kann man nicht antworten
und auch seine Gedanken nicht mitteilen.

Das Hauptziel der Religion liegt darin zu erkennen,
wie man das Maum nutzt, um Erleuchtung zu finden.
Das bedeutet, dass man zuerst das wahre Maum suchen muss.
Die Heiligen haben das in Frieden gefunden,
aber auch mir ist das Maum gegeben.

Damit kann der Mensch selbständig Hindernisse,
die ihm den Weg zur Erleuchtung verbauen, aus dem Weg räumen
und weiter gehen in eine helle Welt,
die wir anhand deutlicher Hinweise erreichen können.[21)]

#33

취할 것과 버릴 것

사람은 대체로 해야 할 일과
하지 않아야 할 일을 구분하여
그 행동을 결정합니다.
이 세상에 나 혼자 존재하지 않고
많은 사람들과 함께 살아가기 때문입니다.

결정을 위해 먼저 해결해야 할 과제가 있습니다.
내 마음이 온전한 상태인지…
바르게 분석하고 판단한 것인지….

그리하여 해야 할 일이라면
아무리 하기 싫어도 기어이 하고,
옳지 않은 일이라면 아무리 하고 싶어도
죽기로써 하지 않는 실행력을 갖추어야 합니다.

인생행로에서 부딪히게 되는 장애물들은
어느 땐가 해야 할 것을 하지 않았거나
하지 않아야 할 것을 해서 뿌려진 씨앗들이

때가 되어 거두어지게 되는 열매입니다.

뿌려진 씨앗들이 좋은 것이었다면
원하는 대로의 삶이 될 수 있겠지요.

지금부터 내가 원하는 대로 갈 수 있는
삶의 운전을 시작해 볼까요?[22)]

E ●● # 33

What to take and what to discard

People usually take action
by determining what should be done
and what shouldn' t be done.
This is because we don' t live on our own,
but we coexist with many others.

You must ask yourself before you make these decisions, though.
Is your mind in its right shape?
Did you analyze and judge right?

Consequently you gain a positive drive;
doing the right things regardless of your unwillingness,
and not doing the wrong things regardless of your desire.

The barriers you encounter in your life path
are the fruits of seeds planted
when you didn' t do the necessary
or when you did the unallowed.

If the seeds planted were positive,
you might be able to have a life
where anything you desire is realized.

Shall we start driving your life
where you can go any direction you please?[23)]

G ●● # 33

Was man tun und was man lassen soll

Wenn man eine Entscheidung treffen muss,
denkt man vorher darüber nach,
ob es sich dabei wirklich um etwas Notwendiges handelt.
Wir leben nicht allein auf dieser Welt,
sondern mit vielen Menschen zusammen
und die sind auch abhängig von unseren Entscheidungen.
Wenn mein Maum vollkommen ist und wenn ich es richtig analysiert
und auch die richtige Entscheidung getroffen habe,
dann sollte ich es ausführen.
Aber wenn es nicht vollkommen ist und ich es dennoch ausführen will, muss ich die Ausführung vermeiden. Nach der Vollkommnung aber auch wenn ich das nicht will, muss ich es ausführen.
Ich muss die Kraft besitzen und es bis zum Ende ausführen.

Die meisten Hindernisse sind die Folge dessen,
was man vorher ausgesät hat und was dann geerntet wurde.
Da ist der Kern, den man nicht hätte pflanzen sollen

und den man trotzdem in den Boden gegeben hatte,
oder der Kern, den man hätte pflanzen sollen,
das aber unterlassen hatte.
Wenn immer gute Kerne gesät werden,
wird man ein Leben führen können,
das unseren Wünschen entspricht.

Wollen Sie jetzt weiter auf diesem Weg gehen, damit Sie lernen,
ein Ihren Wünschen entsprechendes Leben zu führen?[22]

●●● # 34

가속페달과 브레이크

자동차를 운행하려면
자동차의 운행을 위한 조건을 갖추고
가속페달과 브레이크를 잘 사용해야 하듯이
삶의 운전을 순조롭게 하기 위한 조건들이 있습니다.

성자들의 가르침에 대한 믿음과
더 나은 내일을 위해 노력하려는 전진심,
모르는 것을 발견하여 알아내려는 마음과
모든 일에 시작부터 끝까지 정성을 다하는 마음은
내 삶의 운행을 위해 필요한 가속페달과 같습니다.

그러나 아무것도 믿지 않는 마음과 욕심,
게으름과 어리석은 마음이 일어나면
반드시 브레이크를 밟아야겠지요.[23)]

Acceleration pedal and brake

In order to drive a car,
you need to make good use
of the acceleration pedal and the brake pedal
on top of meeting all the other requirements.
There are requirements as well
for smoothly driving your life.

Faith in the teachings of the enlightened ones,
a forward mind that strives for a better tomorrow,
a curious mind that tries to discover and study the unknowns,
and a devoted mind that carries everything from the beginning to the end
are equivalent to an acceleration pedal for driving your life.

But if you notice unfaithfulness, a doubtful and greedy,
or lazy and foolish mind,
you will have to use your brake.[24)]

Gas und Bremse

Zum Autofahren braucht man einige notwendige Vorrichtungen. Vor allem muss man mit dem Gaspedal und dem Bremspedal gut umgehen können.

Es gibt einige Hilfen für einen günstigen Verlauf auf der Fahrt des Lebens:

- der Glaube an die Lehrschriften der Heiligen
- der Wille zur Weiterentwicklung und die Bemühungen um die Zukunft
- die Behebung von Unwissenheit
- die Hingabe, jede Aufgabe von Anfang bis Ende auszuführen

All dies ist wie ein Gaspedal für das Leben.

Wenn Unglauben und Begierden auftreten
oder Faulheit und Torheiten das Maum behindern,
muss man es mit der Bremse beruhigen.[23)]

●●● # 35

매일 아침 챙겨볼 마음가짐

아침에 눈을 뜨는 순간부터
하루를 마치고 잠자리에 드는 때까지, 혹은
잠을 자는 동안에도
우리는 수많은 생각을 합니다.
생각은 시간이나 공간에 제한을 받지 않기 때문이지요.

그 많은 생각 중에 일부는
말이나 글로 표현되고, 또는 행동으로 나타납니다.
그런데 그 중 자신의 삶을 위해
반드시 챙겨야 할 생각들은 몇 가지나 될까요?

남에게 보이지도 않고 그저 혼자서
무심히 하는 생각들이라도
그 생각들은 언젠가 현실이 되어 다가오게 됩니다.
생각은 말과 행동, 습관을 결정할 수 있거든요.
그래서 생각, 마음가짐을 관리하는 것이 우선되어야 합니다.

나 자신을 위해, 함께 살아가는 세상을 위해

매일 아침 챙겨야 할 요긴한 마음가짐들이 있습니다.

모두 한 생각 돌리면 가능한 마음가짐입니다.

* 본래 맑고 온전한 마음인가
* 본래 밝고 지혜로운 마음인가
* 본래 바르고 착한 마음인가
* 삶을 긍정적으로 진행시키는 믿음, 분발, 의문, 정성의 마음인가
* 감사하는 마음인가
* 자력생활을 하려는 마음인가
* 잘 배우려는 마음인가
* 잘 가르치려는 마음인가
* 공익을 위한 마음인가[24)]

E ● ● # 35

mental resolutions that needs to be reflected on every morning.

From the moment you open your eyes in the morning
to the night when you go to sleep,
and even during your sleep,
you go through millions of thoughts.
It is because thoughts are not restricted
by time or place.

Some of your thoughts
are written, spoken or revealed through your actions.
But which of these thoughts
should you reflect on in order to benefit your life?

Even the indifferent thoughts
that others are not aware of
will affect your reality at some point.
Thoughts determine your speech, action and habit.
That is why your thoughts and mental attitude

need to be managed first.

There are mental resolutions
that need to be reflected on every morning
for yourself and for the world we all live in.
These resolutions can be followed simply with just a moment' s effort:

*Is this a pure and wholesome mind by nature?
*Is this a bright and wise mind by nature?
*Is this an honest and kind mind by nature?
*Is this a mind of faith, motivation, curiosity, and sincerity that promotes your life positively by nature?
*Is this a grateful mind?
*Is this a self-exerting mind?
*Is this a mind willing to learn?
*Is this a mind for public welfare?[25)]

Welche Gedanken sollten jeden Morgen einleiten?

Es beginnt jeden Morgen mit dem Aufstehen
und endet am Abend, wenn wir ins Bett gehen.
Sogar im Schlaf gehen die Gedanken hin und her,
ohne Beschränkung durch Zeit oder Raum.

Gedanken können durch Sprache, Schrift
und Aktion ausgedrückt werden.
Wir müssen aber immer bedenken,
welche Gedanken das sein sollten.
Auch wenn es nur ein einziger Gedanke in mir ist,
kommt er irgendwann als Realität zu mir zurück.

Gedanken werden durch Sprache oder Aktion aktiviert
und führen zu regelmäßigen Gewohnheiten.
Deshalb muss man zuerst den Gedanken erkennen
und ihn dann durch die Gesinnung kontrollieren.

Es gibt Gedanken, die für mich, meine Mitmenschen

und die Welt wichtig sind.

Wir können die Gedanken bewahren oder abwandeln.

Dazu stellen wir uns folgende Fragen:

- Ist das jetzt das vollkommene Maum, das aus dem Ursprung des Menschseins kommt?
- Ist es das helle und weise Maum?
- Handelt es sich hier um das gerechte und selbstlose Maum?
- Enthält dieses Maum Glaube, Eifer, Forschungstrieb und Hingabe und ermöglicht uns so ein positives Leben?
- Ist es das Maum der Dankbarkeit?
- Hilft uns dieses Maum, selbständig zu leben?
- Ist es das Maum, das uns mit Freude lernen lässt?
- Ist es das Maum, das uns dazu bewegt, mit Begeisterung zu lehren?
- Ist es das Maum der Gemeinnützigkeit?[24)]

#36

필요한 때 쓰려면~

면허증을 받는 것은 운전을 시작해도 된다는 의미입니다.
어느 분야에서든 그 일을 하려면
학습과 훈련이 먼저 이루어져야 합니다.
내 삶의 운전을 위해서도 마찬가지지요.

나의 몸과 입과 마음으로 씨앗을 뿌리는 순간
요긴한 마음들을 챙기려면
학습과 훈련을 통해 이에 대한 마음의 힘을 저축해야 합니다.
지갑에 돈이 있어야 필요할 때 쓰듯이
마음도 쓰려면 모아진 힘이 있어야 하겠지요.[25)]

In order to use when necessary...

Getting a driver' s license means you are ready to drive.
In any field of work,
learning and training is in first order.
This goes the same for driving your life.

For you to be equipped with right minds
when you start sowing seeds with your body, speech and mind,
you must gain strength of your mind
through learning and training.
As cash in your wallet is necessary for you to pay for things,
it is necessary for your mind to build strength for you to use it.[26)]

Die Notwendigkeit der Nutzung

Ein Führerschein bedeutet, dass man mit dem Autofahren anfangen kann. Zuvor muss man es aber erlernen und dann trainieren.

Bei der Führung meines Lebens ist das nicht anders.
Wenn ich eine Aufgabe zu erledigen habe,
muss ich vorher lernen und trainieren.

In dem Augenblick, in dem ich mit dem Körper, dem Mund
und dem Maum den Kern aussäe, muss mir bewusst sein,
dass ich auch die dafür notwendigen Gedanken einsetzen muss.

Daher muss man lernen und trainieren,
um die erforderliche Kraft des Geistes sammeln zu können.
Vor der Anwendung muss man sich die Kraft des Maum erarbeiten.[25)]

●●● # 37

마음공부의 방법

외부의 힘에 흔들리지 않고
온전한 생각으로 취사할 수 있는 마음의 힘은
마음을 맑히고 하나로 모을 수 있는 훈련과
마음을 밝혀 지혜롭게 분석하고 판단할 수 있는 훈련,
마음을 바르게 하여 옳은 것을 행하고
그른 것은 행하지 않는 훈련을 해야 키워집니다.

주변이 소란하거나 마음이 요란할 때는
한 가지의 주문을 반복하여 외우는 염불로
생각을 하나로 모을 수 있습니다.

禪 수련은 기운을 바르게 하고 마음을 관하여
본래의 맑은 마음을 회복하는 공부입니다.

염불과 禪 수련을 오래오래 계속하면
주변의 유혹에 흔들리지 않고
마음의 중심을 세울 수 있게 됩니다.

마음을 밝고 지혜롭게 하기 위해서는
성자들의 언행을 배우고 익히는 공부,
서로의 알음알이를 나누는 공부,
일과 이치 간에 명확한 분석을 얻는 공부,
우주의 이치와 마음의 원리를 알아가는 공부를 합니다.

또 자신의 수입과 지출, 감각감상,
심신작용 처리한 것 등, 기록하는 공부를 통해
지혜를 밝혀갈 수 있습니다.

바르고 은혜로운 삶을 위해서는
마음을 챙겨 유념할 것과 놓아버릴 것을 정하여
그 실행에 대한 상황을 기재하는 공부를 합니다.

가파른 산길을 오를 때 위험한 곳은 가지 않도록
안내문을 붙이거나 위험표시를 해 놓습니다.
삶에서의 위험에 대한 안전장치는 계문입니다.[26)]

How to train your mind.

For your mind to be strong enough
to not be shaken by outer forces and to perform unimpaired,
you must train: purify and gather your mind as one,
analyze and judge wisely by brightening your mind,
and make your mind honest, doing only what is right and never what is wrong.

When you are in a noisy place or your mind is distracted
you can gather your thoughts by repeatedly chanting mantras.

Meditation is a training that lets you recover your fundamentally pure mind
by correcting your energy and observing your mind.

If you continue to meditate and chant,
you will be able to find the central position of your mind
without being tempted by your surroundings.

To make your mind brighter and wiser you must work on:
learning and practicing the words of the enlightened ones,
sharing each other's knowledge,
clearly analyzing matter and reason,
and knowing the principles of the universe and the mind.

Also, by working on documenting your income and expenses,
sensations and thoughts,
and the actions of your body and mind,
you can brighten your wisdom.

For an honest and blessed life,
you must work on logging your performance, and
on what to regard and what to disregard.

When you climb a steep mountain,
dangerous places are marked with warning signs.
Religious precepts are the safety signs for your life.[27)]

Üben mit dem Maum

Um stark zu sein gegen die Kräfte von außen
und um vollkommene Gedanken auszuführen,
muss man die Übungen mit dem Maum kultivieren.

Durch die Erleuchtung des Maum
kann man in Weisheit klar analysieren und dann entscheiden.

Nach dieser Entscheidung braucht man die Kraft der Ausführung,
um Rechtes tun und Unrechtes unterlassen zu können.
Bei widrigen Umständen kann man durch das Skandieren von Mantras
den Geist wieder beruhigen und in Harmonie versetzen.

Die Meditation ist eine Übung, um den Geist
durch Vervollkommnung der Energie und Beobachtung
des Maum zu kultivieren,
damit das Maum, das aus dem Ursprung des Menschseins kommt,
wieder hergestellt wird.

Wenn man lange Zeit meditiert
und mit dem Skandieren von Mantras übt,
wird man auch unter ungünstigen Umständen nicht wanken,
sondern im Mittelpunkt des Maum stehen können.
Um das Maum hell und weise zu machen,
lernen und trainieren wir und orientieren uns dabei
an den Taten der Heiligen.
So teilen wir die Erkenntnisse des Lernens miteinander.

Wir müssen uns nach den Prinzipien der Logik Gedanken
über die zwischenmenschlichen Beziehungen machen
und so auch die eigentlichen Prinzipien aller Dinge im Universum
und die Grundsätze unserer eigenen Natur klar erkennen.

Dazu gehört auch, dass wir täglich die Arbeitsstunden,
die Einnahmen und die Ausgaben, die einzelnen Aktionen
des Geistes und des Körpers und die Erleuchtungen
und die Eindrücke des Tages aufzeichnen,
damit wir auch Weisheit entwickeln können.

Eine Hilfe ist dabei, ein Tagebuch oder ein Haushaltsbuch

zu führen, um Dinge zu planen, die man sich vornehmen soll oder die man besser unterlässt. Diese Übungen helfen, das Leben geordnet, richtig und glücklich zu führen.

Für Wanderer gibt es ein Schild oder eine Zeichnung, um für Sicherheit zu sorgen. Beim Leben des Menschen gibt es auch Gebote, die Sicherheit im Leben ermöglichen.[26)]

38

스스로 챙기는 생활

매 순간 몸과 입과 마음으로 뿌려지는
그 씨앗들이 온전한 것인가요?

씨앗을 뿌리기 전에 준비가 되었나요?

E ● ● # 38

Looking after your own life.

Are the seeds you sow every moment
with your body, mind and speech intended?

Are you prepared before you plant the seeds?

Wie man sein Leben selbständig führen kann

Sind Sie überzeugt davon, dass Sie immer den vollkommenen Kern durch den Körper, den Mund und das Maum aussäen?

Wurden die notwendigen Vorbereitungsarbeiten vor dem Säen zu Ende geführt?

Sind Sie bereit?

\# 39

삶의 내비게이션

자동차를 운행하려면 먼저 연료를 채우고,
알지 못하는 장소를 찾아가려면
위성으로 위치를 파악하고 방향로를 알려주는
내비게이션의 도움을 받습니다.

내 의지와 상관없이
24시간 쉬지 않고 주행되는 인생행로에서
지치고, 앞길이 막막한 때는 없으셨나요?

마음사용에 대해 공부할 수 있는 교당, 혹은
자신의 신앙처는 삶의 운전 준비를 위한 곳입니다.
삶의 방향로를 찾아 확인하고
마음 운전을 위한 정신의 연료를 채울 수 있는….[27)]

Navigation for your life

In order to drive a car
you must fill up the gas tank first,
then get a help from a navigator
to find somewhere you don' t know
how to get to.

On your life path
that continues 24 hours a day
regardless of your will,
were you ever tired and helpless?

Kyodang (a Won-Buddhist temple), or
another place of religion of your choice,
is where you can get prepared
before driving your life;
by filling the fuel of your mind and
learning the directions
for driving your life.[28)]

Die Navigation durch das Leben

Wenn man eine Autofahrt plant, muss man zuerst tanken. Dann kann man versuchen, mithilfe des Navigationssystems oder einer Karte das unbekannte Ziel zu finden.

Sie wissen, dass das Leben unabhängig von Ihrem Willen ohne Pause weiter abläuft. Waren Sie schon einmal müde oder konnten Sie das Ziel nicht mehr klar sehen?

Der Tempel ist der Ort, an dem wir beten und trainieren können, um uns auf das Leben vorzubereiten.

Dort kann man das wahre Leben suchen und finden, um den Geist mit Energie füllen zu können.[27)]

\# 40

업데이트

과학기술의 지속적인 발전으로
이동전화, 컴퓨터, 자동차 등 다양한 기계들은
신중하게 선택한 후 구입을 하지만,
구입하는 순간에 이미 옛날 것이 된다고 합니다.
좀 더 다양한 기능들이 추가되고 향상되기 때문이지요.

사람의 정신세계 역시 추가되고 향상되어야 합니다.
정규학교 교육을 받은 것으로 배움이 끝났다고 생각하거나
주변 사람의 진정한 충고를 수용하지 못하거나
정신적 에너지를 채워갈 수 있게 하는 성자들의 가르침으로
나의 삶이 지속적으로 변화하지 않는다면
인생의 성장과 발전은 어느 순간 멈추게 되겠지요.

마음공부는 모든 순간마다
배우고 깨달으며 삶을 업데이트하는 것입니다.

Update your mind

With the continuous advancement of technology,
products such as your cell phone, computer or car
are immediately out-dated
no matter how much consideration you used
when you purchased it.
It is because a huge variety of
functions are constantly improved and supplemented.

Minds should be constantly improved and supplemented as well.
If you think you were done learning when you finished school,
if you cannot take honest advice from people around you,
or if your life isn' t constantly changing because the
teachings of the saints are filling up your mental energy;
the growth and expansion of your life will stop at some point.

Studying for your mind is updating your life
by constantly learning and coming to new understanding.

Die Qualität erhöhen

In der heutigen Zeit machen sich die Menschen
viele Gedanken über verschiedene Dinge:
ein Handy, einen Computer oder ein Auto kaufen.
Aber aufgrund der stetig fortschreitenden Technisierung
sind neue Waren ganz kurz nach dem Kauf schon wieder veraltet.

Auch der Geist des Menschen benötigt ständige Weiterentwicklung.
Viele denken, dass man sich nach der Ausbildungsphase
nicht mehr fortbilden muss. Man hört vielleicht auch nicht mehr
auf den Rat von Verwandten und Freunden.

Man sollte aber anhand der Lehrschriften der Heiligen
die Energie des Geistes immer wieder stärken.
Dann wird man sein Leben bereichern und nicht in der Entwicklung stehen bleiben.

Das kann man mit den Übungen des Maum erreichen.

●●● # 41

새로워지려면

아침에 잠자리에서 일어나거나
더럽고 힘든 일을 하고난 뒤, 혹은
하루일과를 마치고 돌아오면 반드시 샤워를 합니다.

더렵혀진 옷은 세탁을 합니다.

늘 생활하는 집, 직장 등의 공간은
특별한 작업장이 아니어도 청소를 해야 합니다.
쓰레기통도 비워야 하구요.

쓰레기를 만들려고 하는 것은 아니지만
어느새 쓰레기통이 채워지곤 하지요.

그런데 마음작용을 하는 과정에서 만들어진
마음의 쓰레기는 어떻게 하셨나요?

누군가를 미워하고 질투하여 더렵혀진 마음을
맑은 물이 나도록 세탁하여 보셨나요?

나도 모르는 사이 이것저것 만지고 다닌
마음자락을 붙잡아 손을 씻듯 씻어보셨나요?

지난 날, 혹은 과거의 어느 생애에
알고도 짓고 모르고도 지었을 죄업에 대해
스스로 뉘우치고 다시 범하지 않도록 하며
선한 업을 실행하는 참회 수행은
새로워지고 거듭나는 삶을 위함이지요.[28)]

To be new

In the morning when you get up,
after a dirty and tiring labor,
or when you get home after a day’ s work,
you have to take a shower.

Soiled clothes have to be washed.

Places like the house you live in,
or the office you work in
need to be cleaned and
garbage needs to be taken out.

You’ re not trying to make trash on purpose
but it ends up filling your environment anyway.

But what about your mind’ s trash
that was made during your mind’ s work?

Have you ever washed a mind
soiled with hatred and jealousy
until no filth came out of it?

Have you ever washed the hem of your mind
that has been dragged around in the dirt
like you wash your hands
that have been touching many many things?

Practice penitence by voluntarily
repenting the (knowingly and unknowingly)
committed sins from this or past lives.
Vow to never repeat your sins,
and try to collect only good karma
for a resuscitating and continually improving life.[29)]

G ●● #41

Die Erneuerung

Nach dem Aufstehen,
nach dem Erledigen von schmutzigen und schwierigen Arbeiten
und nach der Beendigung der Alltagsarbeit
müssen wir uns und unsere Kleidung reinigen.
Unser Haus und unser Arbeitsplatz – auch da müssen wir
immer für Sauberkeit sorgen.
Ebenso muss der Mülleimer geleert werden,
auch wenn wir den Müll nicht selber produziert haben.

Also, was haben Sie mit dem Müll gemacht, der während Ihrer Maum-Nutzung produziert wurde? Haben Sie schon einmal versucht, das Maum zu reinigen, das aufgrund Ihres Hasses und Ihrer Eifersucht beschmutzt wurde?

Sie haben durch eine kleine Nachlässigkeit Ihr Maum beschädigt. Dann müssen Sie dafür sorgen, dass es wieder rein und vollständig wird.

Irgendwann oder in einem Leben in der Vergangenheit kann

man wissentlich oder ohne Absicht Missetaten begangen haben. Zur Wiedergutmachung müssen wir bereuen und beschließen, in Zukunft nur noch Gutes zu tun, um unser Leben erneuern zu können.[28)]

42

원하는 것을 이루려면

우리 마음속을 들여다보면 원하는 것이 있습니다.
내 자신을 위한 것들,
가족들, 혹은 그 관계에서 원하는 것들,
직장과 사회, 내가 소속된 단체,
국가와 세계 등에 관련된 것들.

이처럼 원하는 것에는 나의 노력으로 이뤄지는 것과
누군가의 도움이 필요한 것, 혹은
많은 사람들이 합력해야 이루어지는 것이 있습니다.

시기적으로도 한 때의 노력으로, 혹은 1년~2년,
10년 혹은 평생을 걸려서 이루어지는 일도 있고,
여러 생을 걸려서 이루어지는 일도 있습니다.

원하는 것이 크고 어려울수록
혼자만의 힘보다 많은 사람들의 합력이 필요합니다.

나의 간절한 기도는

나의 마음에서 비롯되어 무수한 파장으로
내가 만나는 사람들에게 전해집니다.
눈에 보이지 않는 전기처럼 마음의 기운이 전해지지요.

마음으로 간절히 고하는 心告,
매일 정성으로 올리는 기도는 가족과 이웃,
하늘과 땅에도 전해질 수 있습니다.

원하는 바를 이룰 수 있는 위력 얻기를 기원합니다.[29)]

E ●● # 42

To get what you want...

If you look into your mind
there are things you desire;
for yourself,
for your family and people around you,
for work, society, and organizations you are part of,
for your country and the world...

Among these are things that can be achieved
through your own efforts,
and things that can be achieved
through the efforts of many people.

Some can be achieved in one sitting,
some in a year or two, some in a lifetime,
or some through many generations.

The bigger and harder the desired thing is,
the more labor and collaboration is needed.

Your earnest prayer originates from your heart,
travels in limitless waves,
and spreads to the ones you meet.
Like invisible electricity, the energy of your mind travels.

I hope you earn the power to realize the things you desire.[30)]

Die Verwirklichung unserer Wünsche

Wenn wir unser Maum ansehen, erblicken wir einige Wünsche.

Ein Wunsch ist allein für mich.
Dann gibt es Wünsche für die Familie
oder einen Wunsch für eine gute Beziehung
zwischen der Familie und mir.
Bei anderen Wünschen geht es um
den Arbeitsplatz oder um die Firma.
Weitere Wünsche beziehen sich auf die Gesellschaft,
das Land und die Welt.

Die Wünsche kann man nach unterschiedlichen Gesichtspunkten ordnen:

Einen Wunsch kann man selbständig erfüllen.
Einen anderen Wunsch kann man mit der Hilfe
eines anderen Menschen verwirklichen.
Einen weiteren Wunsch kann mit Hilfe

vieler Menschen in die Tat umsetzen.

Wenn es ein großer und schwer zu erfüllender Wunsch ist,
braucht man dafür die Hilfe mehrerer Menschen.

Ein anderes Auswahlkriterium ist die Zeit;

Ein Wunsch kann innerhalb kurzer Zeit verwirklicht werden,
im Zeitraum von ein bis zwei Jahren
oder nach zehnjährigen Bemühungen.
Es gibt aber auch Wünsche,
an deren Verwirklichung man ein ganzes Leben lang arbeiten muss.
Bei anderen Wünschen braucht man mehrere Leben.

Mein herzliches Gebet erreicht alle.
Es fließt aus meinem Herzen und die geistige Energie
wird durch unzählige Wellen wie ein unsichtbarer Strom
bei jeder Begegnung mit anderen Menschen ausgesendet.

Ein Gebet, das aus meinem Herzen kommt

Das Gebet, mit dem ich jeden Tag dienen werde,
erreicht auch die Familie, den Nachbarn und
sogar den Himmel und die Erde.

Ich wünsche allen die Kraft, ihre Wünsche verwirklichen zu können.[29)]

● ●● # 43

좋은 씨앗을 심고 가꾸려면…

세상을 살아가는 방법은 다양합니다.
몸과 입과 마음으로 業의 씨앗을 뿌리고
그 결과를 스스로 거두게 되는 이치를 알았으니
어떤 마음의 씨앗으로 습관을 만들어야 할까요?

* 사람만 믿지 말고 그 법을 믿을 것.
* 열 사람의 법 가운데 가장 제일 좋은 법을 선택합니다.
* 사람으로서 배우기를 좋아할 것이며,
* 지식을 갖추었다 해도 배움을 그치지 않습니다.
* 시간을 헛되이 쓰지 않습니다.
* 한편에 집착하지 않습니다.
* 모든 사물을 공경심으로 대하며 과한 욕심을 스스로 무서워합니다.
* 매일매일 때때로 자기가 자기를 가르칩니다.
* 어떤 잘못된 일이라도 남을 원망하기보다 자기를 살핍니다.
* 타인의 잘못된 일을 드러내지 않되, 자신의 잘못을 살핍니다.
* 타인의 잘된 일은 세상에 널리 알리며 잊지 않고 기억합니다.
* 정당한 일이라면 내 일을 생각하여 남의 세정을 헤아려줍니다.

* 정당한 일은 아무리 하기 싫어도 죽기로써 합니다.

* 부당한 일은 아무리 하고 싶어도 죽기로써 하지 않습니다.

* 타인이 원하지 않는 일은 권하지 말고 자기 할 일만 합니다.

* 어떠한 원을 이루고자 한다면
  보고 듣는 대로 원하는 데에 대조하여 연마합니다. [30)]

E ● ● # 43

To plant and grow good seeds

There are many ways to live in this world.
Now you know the way of
seeding karma with your body, speech, and mind
so that eventually you can harvest those seeds yourself.
What kind of habits should you develop
for the best seeding of your mind?

* Do not just have faith in a person, but also in doctrine.
* Chose the best doctrine out of ten people' s doctrines.
* As a person, have pleasure in learning.
* Even if you are knowledgeable, do not stop learning.
* Do not waste your time.
* Do not be obsessed with one thing.
* Treat everything with respect and be afraid of greed.
* Try to teach yourself every day, every moment.
* Try to look to yourself when something goes wrong, rather than blaming it on someone else.
* Do not reveal others' flaws, but be aware of your own.

* Let others know about another' s good fortune and always re member it.
* Try to understand others by reflecting on yourself.
* Do your best to do the right thing, even if you don' t want to.
* Do your best to avoid doing wrong, even if you really want to.
* Do not make others do something if they are not interested; focus on your own tasks.
* If you would like to achieve something, always reflect on what you wish for.[31)]

G ● ● # 43

Gute Kerne säen und sich um sie kümmern

Es gibt unterschiedliche Wege, ein Leben zu führen.

Wir haben schon erfahren, dass wir die Kerne des Karmas durch Körper, Mund und Geist ausgesät haben und auch, dass wir die Wirkung ernten werden.

Wie kann man mit den Kernen des Geistes gute Gewohnheiten aufbauen?

- Glauben wir nicht nur den Menschen, sondern glauben wir auch an ihre Lehren.
- Setze dich mit zehn Lehren auseinander und glaube der besten.
- Da du zum Menschen bestimmt wurdest, solltest du dem Lernen zugetan sein.
- Vernachlässige nicht das Lernen, nur weil du bereits über Bildung verfügst.
- Gib dich nicht dem Wein und dem Fleische hin, sondern nutze die Zeit, um nach der Wahrheit zu streben.

- Gib dich nicht einseitig einer einzigen Sache hin.
- Lass es beim Umgang mit allen Dingen nicht an Respekt fehlen und wirst du von Habgier ergriffen, so fürchte dich davor wie vor einem Löwen.
- Tag für Tag, Stunde um Stunde – erweitere selbständig dein Wissen.
- Ist etwas misslungen, suche den Fehler nicht bei anderen, sondern ergründe dich selbst.
- Wirst du der Fehler anderer gewahr, so mache sie nicht bekannt, sondern erkenne dadurch deine eigenen Fehler.
- Wirst du guter Taten anderer gewahr, lobpreise sie in der Welt und lasse sie nicht in Vergessenheit geraten.
- Wenn es sich um eine gerechte Sache handelt, zeige eingedenk der eigenen Situation Verständnis für die lage anderer in der Welt.
- Wenn es sich um eine gerechte Sache handelt, führe sie unter allen Umständen aus, so sehr es dir auch wiederstreben mag.
- Wenn es sich um eine ungerechte Sache handelt, unterlasse sie unter allen Umständen, so sehr du auch zum Gegenteil geneigt sein magst.
- Zwinge niemandem etwas auf, was er nicht tun will, sondern kümmere dich um deine eigenen Angelegenheiten.

- Hegst du einen Wunsch und willst ihn in die Tat umsetzen,
  vergleiche ihn mit allem, was du siehst und hörst
  und passe ihn entsprechend an.[30)]

● ● ● # 44

변화의 단계

인생의 변화는 자기 생각의 변화와 실행에서 시작됩니다.
생각이 바뀌면 행동이 바뀌지요,
행동은 습관을 바꾸게 되고,
습관의 변화는 인생의 변화를 가져올 수 있지요.

세상이 변하기를 바라기보다
먼저 자신의 변화가 이루어진다면
가정과 사회 또한 달라지고,
변화된 사람들이 가꾸는 세상 또한 변화될 것입니다.

The steps of change

Change in life begins with the change of thoughts and their execution.
When your thoughts change, your behavior (the execution of your thoughts) will change.
When your behavior changes, your habits will change
and change of habits can change your life.

If you make your own change first,
rather than hoping for the world to change,
family and society will change
and the world will change as well,
as it is governed by changed people.

G ●● # 44

Der Ablauf der Entwicklung des Lebens

Die Änderung des Lebens beginnt mit der Änderung meiner Gedanken und deren Ausführung.
Wenn die Gedanken sich ändern, werden auch die Taten andere sein.

Die Taten bringen eine Änderung der Gewohnheiten.
Die Änderung der Gewohnheiten
kann die Änderung des Lebens nach sich ziehen.

Wenn man sich selbständig ändert,
statt die Änderung von der Welt zu erwarten,
werden sich auch Familie und Gesellschaft verändern
und durch die Menschen wird sich auch die Welt verändern.

#45

서로를 위한 법

사람은 누구나 남보다 잘되고자 합니다.
남보다 부자이고 싶고,
남보다 건강하기를 바라고
남보다 더 행복하고 싶고,
남보다 더 명예롭기를 바라고….
그러나 누군가와 비교하는 삶은
한 때 잘되었더라도 언젠가는 지는 때가 있습니다.

이런 세상은 어떨까요?
내가 더 가진 것을 덜 가진 사람에게 나누어주고
힘이 모자라는 사람은 이끌어주고
모르는 것은 서로 가르쳐주고 배우는 세상.

부익부 빈익빈으로 치우친 세상보다
인권과 교육, 지식과 생활이 평등하게 이루어진
아름답고 편안한 세상이
우리가 염원하며 가꾸어야 할 낙원이겠지요![31)]

E ●● # 45

Wishing for each other

We all wish to be better than others;
wealthier than others,
healthier than others,
happier than others,
or more honorable than others.
But a life motivated by comparison will fall apart
no matter how successful it was at some point.

How about this?

A world where you share what you have with others who have less,
help others with less strength, and teach each other the unknown.

We should dream and work for
a beautiful and comfortable world where equality in
human rights, education, knowledge and living standard is
prevalent
rather than an unbalanced world
where the rich get richer and the poor get poorer.[32)]

Ein Vergleich der beiden Welten

Man will immer auf dem besten Platz stehen.
Man will reicher werden als andere.
Man will Gesundheit.
Man will mehr Glück als andere.
Man will mehr Ehre als andere.

Wenn man sich mit anderen vergleicht
und immer der Gewinner sein will,
kehrt sich dieser Wunsch irgendwann ins Gegenteil.

Stellen Sie sich eine andere Welt vor.

Eine Welt, in der ich meine Dinge mit anderen teile,
die weniger haben als ich.
Die Welt, in der ich mit meiner Kraft
dem Schwächeren helfen kann.
Die Welt, in der die Menschen lehren und miteinander lernen.

Die Welt, die wir uns wünschen

und um die wir uns bemühen müssen,
gibt allen Menschen Menschenrechte,
Zugang zu Erziehung und Wissenschaft
und ein Recht auf Leben.[31)]

●●● # 46

싫어하는 것과 좋아하는 것

사람은 누구나 좋아하는 것과 싫어하는 것이 있습니다.
행복과 편안함을 좋아한다면
그것이 이루어지도록 스스로 노력해야 합니다.

원하기만 하고 노력하지 않는다면
원하지 않는 불행과 싫어하는 것들을 피할 수 없지요.

나의 몸과 입과 마음으로 뿌린 씨앗은
반드시 제 주인을 찾아오기 마련입니다.[32)]

Preferences

Everyone has preferences.
If you like happiness and comfort,
you must work for it.

If you desire something
but do not work for it,
you cannot help but end up
with misfortune and undesirables.

The seeds from your body, mind and speech
will always return to you.[33)]

Was wir lieben und was wir hassen

Bei jedem gibt es Neigungen und Abneigungen.
Wenn man das Verlangen nach Glück und Freiheit hat,
muss man sich selbst darum bemühen.
Wenn man es nur wünscht, ohne sich darum zu bemühen,
kann man nicht vermeiden, auf Ablehnung zu treffen
und das Unglück herbeizuführen.

Die Kerne, die ich mit dem Körper und dem Mund oder mit dem Geist gesät habe, kommen in jedem Fall zu dem Besitzer zurück.[32)]

47 마음에 병이 걸리면

몸이 아프면 그 아픈 것을 치료해야 합니다.
마음도 마찬가지지요.
마음에 병이 걸린 사람들이 많으면
그 사회도 병증이 드러납니다.

이 세상은 대체로 비슷한 증상의 병을 앓고 있지요.
각자가 서로 자기 잘못은 알지 못하고
다른 사람의 잘못만 많이 드러내는 증상,
부정당한 의뢰 생활을 하는 증상,
배워야 할 때 잘 배우지 않는 증상,
가르쳐야 할 때 잘 가르칠 줄 모르는 증상,
선하게 사는 사람은 격려하고 악한 사람은 불쌍히 여기며,
내가 힘들더라도 남을 이롭게 하는 공익심이 없는 증상.

이러한 병증은 우리 삶에 거대한 장벽이 되어
서로를 힘들게 하지요. 그러나
'내가 상대의 입장이라면 어떨까' 라는 생각으로 바꿔보면
이 병의 치료가 가능합니다.

자기의 잘못을 항상 스스로 살피며,
부정당한 의뢰생활을 하지 말며,
지도받을 자리에서 지도를 잘 받고,
지도할 자리에서 지도를 잘하며,
자기만 이롭게 하기보다 남을 먼저 배려한다면
장벽은 어느새 사라지고 병은 치유될 것입니다.[33]

E ● ● # 47

When your mind is sick

When your body is sick, it needs to be cured.
This is the same for your mind.
A society with many people ill of mind
will start to show similar symptoms of illness.

This world is mostly suffering from similar symptoms:
blaming others without seeing one’ s own wrong doings,
making unreasonable demands,
not learning when one should,
not teaching when one should,
showing lack of interest in the public’ s welfare,
not encouraging good people, not pitying the bad
and not trying to benefit others, despite the circumstances.[34)]

Wenn mein Geist krank ist

Wenn mein Körper krank ist, muss man ihn heilen.
Wenn es um den Geist geht, ist das nicht anders.

Wenn immer mehr Menschen auf der Welt, einen kranken Geist haben,
entstehen auch in der Gesellschaft diese Krankheiten.

Das sind die Anzeichen für eine kranke Gesellschaft:

- Die Menschen in der Gesellschaft erkennen
  ihre eigenen Fehler nicht,
  sondern bemühen sich nur eifrig,
  auf die Fehler der anderen zu deuten.
- Sie verlassen sich in ihrem Leben in ungerechtfertigter Weise
  auf andere und werden abhängig.
- Wenn sie Weisungen empfangen haben, nehmen sie
  sinnvolle Weisungen nur zögerlich an.
- Wenn sie Weisungen zu geben haben, kümmern sie sich
  danach nicht um die Umsetzung und deshalb auch nicht
  um eine Besserung der Situation.

- Es mangelt ihnen an gemeinnützigem Denken.

Sie sollen aber gute Menschen loben und schlechte bedauern.
Sie sollen dafür sorgen, dass begünstigte Menschen
mit schwächeren Mitmenschen teilen
und die Last der Schwächeren auf sich nehmen.

Diese Krankheiten bauen in unserem Leben eine riesige Wand auf und bringen uns Leid. Wir können die Krankheiten aber heilen. Wir müssen uns nur in andere versetzen und über sie nachdenken.

Wenn man diese Krankheit heilen will,
muss man sich zuerst mit seinen eigenen Fehlern beschäftigen.
Man sollte ein Leben in grundloser Abhängigkeit von anderen vermeiden. Man sollte als Weisungsempfänger gerechtfertigte Weisungen dankbar annehmen und als Weisungsgeber darum
bemüht sein, mit seinen Weisungen Besserung zu erreichen.

Und wenn man das Trachten nach eigenem Vorteil ablegt
und sich stets um den Vorteil für andere bemüht,
lässt sich die Krankheit leicht behandeln
und die Hindernisse in der Gesellschaft werden sich auflösen.[33)]

#48

몸과 마음

나의 몸과 마음은 서로 다른 존재인가요?

서로 구분하여 마음만 있다면 영혼이요,
몸만 있다면 식물과 다르지 않습니다.

몸과 마음이 모두 온전해야 사람이지요.[34)]

Mind and body

Is your body separate from your mind?

A mind on its own is a spirit,
and a body on its own is no different from a plant.

A human should have both
body and mind intact.[35)]

G ● ● # 48

Körper und Geist

Sind mein Körper und mein Maum voneinander verschieden?
Wenn man der Ansicht ist, dass es zwischen Körper und Maum
Unterschiede gibt, findet man beim Geist nur die Seele,
aber beim Körper findet man nichts außer Bewegung.

Menschen brauchen beides:
den vollkommenen Körper und den vollkommenen Geist.[34)]

●●● # 49

이정표와 목적지

우리는 사람의 옷을 입고 태어나
현재의 나로서 살아가는 동안
과거를 돌아보며 정리하고
마음공부를 통해 자기로부터 뿌려질 씨앗들을 고르기 위한
준비를 했습니다.
그렇게 하나하나 실천하며 가다보면
대체로 여섯 단계의 이정표를 거쳐 목적지에 이를 것입니다.

성자들은 예로부터 혼자 가는 길이 아니라
언제나 함께 하기를 바랐습니다.

몸과 입과 마음으로 직접 행하고 보여주신 그 길을
한 걸음 한 걸음 따라가면서 간절히 발원합니다.

세세생생 무량중생이 다 마음공부 길에 들기를……

세세생생 무량중생이 다 마음공부법을 믿고 행하기를…

세세생생 무량중생이 다 마음공부에 재미 붙이기를…

세세생생 무량중생이 다 마음공부로 진정한 주인이 되기를…

세세생생 무량중생이 다 대적공하여 하나의 세계를 개척하기를…

세세생생 무량중생이 다 萬能 萬智 萬德의 여래부처님이 되시옵길…[35]

E ● ● # 49

Milestones and destination

As you live your life as a human,
you are now prepared to look back,
organize your past, and start selecting the seeds
you will plant by studying your mind.
As you practice planting one by one,
after about 6 milestones,
you will reach your destination.

The saints always wanted to share their ways
rather than walking alone.

I sincerely pray
as I follow the road
shown and practiced
through the saints' bodies, minds and speech,
step by step.

I pray:[36)]

For all immeasurable beings of the eternal cycle of worlds and lives to start walking the way of mind-practice,

For all immeasurable beings of the eternal cycle of worlds and lives to believe and carry-out mind-practice,

For all immeasurable beings of the eternal cycle of worlds and lives to enjoy mind-practicc,

For all immeasurable beings of the eternal cycle of worlds and lives to be the true owner of themselves,

For all immeasurable beings of the eternal cycle of worlds and lives to build up one big world,

For all immeasurable beings of the eternal cycle of worlds to be buddhas of Power, Wisdom, and Goodness.

Das Ziel und die Hinweise auf dem Weg dahin

Wir haben als Mensch die Kleidung des Menschen angezogen und wir wurden geboren.

Wir haben Rückschau auf die Vergangenheit gehalten und sie geordnet. Mit diesem Wissen haben wir die Kerne vorbereitet, die von uns ausgesät werden sollen.

Wenn man so Schritt für Schritt diesen Weg geht,
wird man sechsmal auf Hinweise treffen
und mit deren Hilfe das Ziel erreichen.

Die Heiligen aus der Vergangenheit sind auch diesen Weg gegangen und sie wollten den Weg für alle erleuchten.

Ich gehe Schritt für Schritt den Weg entlang,
den die Heiligen mit dem Körper, mit dem Mund
und mit dem Maum selbst gegangen sind
und den sie uns gezeigt haben.

Und wir beten für die Erfüllung folgender Wünsche:

Mögen alle Lebewesen den Weg betreten und durch Training
ihr Maum weise, ruhig, harmonisch und hell machen.

Mögen alle Lebewesen an die Übungen des Maum vertrauen
und sie ausführen

Mögen alle Lebewesen sich für die Erweiterung des Maum interessieren

Mögen alle Lebewesen durch wahre Bemühungen um das Maum
echte Besitzer des Lebens werden

Mögen alle Lebewesen durch das Maum-Training zusammen
eine schöne Welt aufbauen

Mögen alle Lebewesen den Buddha der Weisheit, der Güte
und der Fähigkeit erreichen[35)]

미주)

1) 원효:617~686, 신라시대의 고승으로 한국불교사에 대표적 고승으로 불교의 대중화에 힘썼다.

2) 사명유정:1544~1610

3) 박중빈:1891~1943 원불교의 교조(敎祖). 「물질이 개벽되니 정신을 개벽하자」는 개교표어와 함께 「동정일여 영육쌍전」 「무시선 무처선」 「불법시생활 생활시불법」 등의 교리표어를 내걸고 시대화 · 생활화 · 대중화 한 새 종교를 표방하였다. 소태산 대종사는 스스로 깨친 진리를 「일원상」이라 표현하고, 삼학 팔조 사은 사요를 교리의 근간으로 하였다. 원불교는 소태산 대종사가 일원상의 진리를 크게 깨친 1916년 4월 28일을 교단 창립의 날로 정하고 있다.

4) 정전:원불교의 기본 교리의 강령을 밝힌 경전으로서 〈대종경〉과 합본하여 〈원불교 교전〉이라 부른다. 소태산 대종사의 친저(親著)인 〈불교정전〉을 근본하여 1962년(원기 47) 9월에 처음으로 발행되었다. 제 1 총서편, 제 2 교의편, 제 3 수행편 등 3편 26장으로 구성되어 있다.

5) 원불교 교전, 대종경 천도품 6장 … 이 육신이 한 번 나고 죽는 것은 옷 한 벌 갈아 입는 것에 조금도 다름이 없을 것이니…

6) 원불교 교전, 대종경 천도품 18장 … 이 생에 얽힌 권속의 정애(情愛)로 인하여 몸이 죽는 날에 영이 멀리 뜨지 못하고…

7) 원불교 교전, 대종경 천도품 13장 … 보통 영혼은 새 육신을 받을 때까지는 잠

잘 때 꿈꾸듯 자기의 육신을 그대로 가진 것으로 알고 돌아다니다가 한 번 탁태를 하면 먼저 의식은 사라지고 탁태된 육신을 자기 것으로 아나니라.

8) 원불교 교전, 대종경 변의품 9장 …조물주가 다른 데 있는 것이 아니라 귀하의 조물주는 곧 귀하요, 나의 조물주는 곧 나며, 일체 생령이 다 각각 자기가 자기의 조물주인 것을 알았노라 …

9) 원불교 교전, 정전 1. 총서편 개교의 동기 참고

10) 원불교 교전 정전 1. 총서편, 교법의 총설

11) 원불교 교전, 정전, 2 교의편, 일원상의 진리, 신앙, 수행 참조

12) 원불교 교전, 정전 2. 교의편, 일원상서원문 참조

13) 원불교 교전, 2. 교의편, 사은 참조

14) 원불교 교전, 2. 교의편, 사은 참조

15) 원불교 교전, 2. 교의편, 사은 참조

16) 원불교 교전, 2. 교의편, 사요 참조

17) 원불교 교전, 대종경 요훈품 3장 "한 마음이 선하면 모든 선이 이에 따라 일어나고, 한 마음이 악하면 모든 악이 이에 따라 일어나나니, 그러므로 마음은 모든 선악의 근본이 되나니라."

18) 원불교 교전, 대종경 요훈품 13장, "여의 보주(如意寶珠)가 따로 없나니, 마음에 욕심을 떼고, 하고 싶은 것과 하기 싫은 것에 자유 자재하고 보면 그것이 곧 여의 보주니라."

19) 원불교 교전, 정전 2. 교의편, 정신수양 참조

20) 정산종사법어, 생사편 18장, "한 풍랑이 일어나매 사해(四海) 물이 요란하더니, 한 풍랑이 그치매 천하가 안연하도다. 우리 마음도 또한 이와 같아서…"

21) 원불교 교전, 정전 2 교의편 사리연구 참조

22) 원불교 교전, 정전 2 교의편, 작업취사 참조

23) 원불교 교전, 정전 2 교의편, 팔조 참조

24) 원불교 교전, 정전 3. 수행편, 일상수행의 요법 참조

25) 원불교 교전, 정전 3. 수행편, 정기훈련법 참조

26) 원불교 교전, 정전 3장 수행편, 정기훈련 11과목 참조

27) 원불교 교전, 정전 3. 수행편, 교당내왕시 주의사항 참조

28) 원불교 교전, 정전 3. 수행편, 참회문 참조

29) 원불교 교전, 정전 3. 수행편, 심고와 기도 참조

30) 원불교 교전, 정전 3. 수행편, 솔성요론 참조

31) 원불교 교전, 정전 3. 수행편, 최초법어 참조

32) 원불교 교전, 정전 3. 수행편, 고락에 대한 법문 참조

33) 원불교 교전, 정전 3. 수행편, 병든 사회와 그 치료법 참조

34) 원불교 교전, 정전 3. 수행편, 영육쌍전법 참조

35) 원불교 교전, 정전 3. 수행편, 법위등급 참조

1) Won Hyo (617–686 c.e.) A prominent Korean Buddhist master who made a great effort to popularize the buddhadharma (buddha's teaching).

2) Sa Myung (1544–1610 c.e.): A prominent Korean Buddhist master during Chosun Dynasty. He was a general of the Righteous Armies, consisting mainly of peasants and former soldiers who fought against the Japanese army.

3) Master Sotaesan,Park Jung Bin, the founding master of Won Buddhism (1891–1943). His dharma title is Sotaesan.

The Founding Master Sotaesan established Won-Buddhism as the new Buddhism with the mottoes of "Buddhadharma is daily life. Daily life is buddhadharma. Timeless Meditation, Placeless Meditation" He modernized and revitalized traditional buddhadharma to make it accessible to as many as people as possible. He named The Truth as Il Won Sang (one circle image) and created his dharma with the doctrine of a Threefold Practice, Eight Articles, Fourfold Grace and Four Essentials. April 28th, 1916 when he attained supreme enlightenment is the founding day of Won Buddhism.

4) The Principal Book of Won-Buddhism : The Principal Book of Won-Buddhism is the Won Buddhist Canon. It is the primary scripture in

Won-Buddhism and was written by Sotaesan, the founding master. Within its pages the fundamental Won Buddhist teaching is elucidated in a simple and easy fashion.

5) 6,Sending on Spirits in Transition, The scripture of the Founding Master Won-Buddhism

6) 18, Sending on Spirits in Transition, The scripture of the Founding Master Won-Buddhism

7) 5, Sending on Spirits in Transition, The scripture of the Founding Master Won-Buddhism

8) 13, Sending on Spirits in Transition, The scripture of the Founding Master Won-Buddhism

9) 9, Doubts Clarified, The scripture of the Founding Master Won-Buddhism

10) Chapter One, Motive of the Teaching, The Principal Book of Won-Buddhism

11) Chapter Two, An Outline of the Teaching, The Principal Book of Won-Buddhism

12) The Truth of Il-Won-Sang, Faith in Il-Won-Sang, Practice of Il-Won-Sang, Doctrine, The Principal Book of Won-Buddhism

13) The Il-Won-Sang Vow, Doctrine, The Principal Book of Won-

Buddhism

14) The Fourfold Grace, Doctrine, The Principal Book of Won-Buddhism

15) The Fourfold Grace, Doctrine, The Principal Book of Won-Buddhism

16) The Fourfold Grace, Doctrine, The Principal Book of Won-Buddhism

17) The Four Essentials, Doctrine, The Principal Book of Won-Buddhism

18) 3, Maxims, The scripture of the Founding Master Won-Buddhism

19) 13, Maxims, The scripture of the Founding Master Won-Buddhism

20) Cultivating the Spirit, Doctrine, The Principal Book of Won-Buddhism

21) 18, Birth and Death, The Dharma Words of Master Ch?ngsan

22) Inquiry into Human Affairs and Universal Principles, Doctrine, The Principal Book of Won-Buddhism

23) Choice in Action, Doctrine, The Principal Book of Won-Buddhism

24) The Eight Articles, Doctrine, The Principal Book of Won-Buddhism

25) The Essential Dharmas of Daily Practice, Practice, The Principal Book of Won-Buddhism

26) The Dharma Fixed-Term Traning, Practice, The Principal Book of Won-Buddhism

27) The Dharma Fixed-Term Traning, Practice, The Principal Book of Won-Buddhism

28) Items of Heedfulness Regarding Temple Visits, Practice, The Principal

Book of Won-Buddhism

29) The Instruction on Repentance, Practice, The Principal Book of Won-Buddhism

30) Mental Affirmation and Formal Prayer, Practice, The Principal Book of Won-Buddhism

31) The Essential Discourse on Commanding the Nature, Practice, The Principal Book of Won-Buddhism

32) The First Dharma Words, Practice, The Principal Book of Won-Buddhism

33) The Dharma Instruction on Suffering and Happiness, Practice, The Principal Book of Won-Buddhism

34) An Ill Society and Its Treatment, Practice, The Principal Book of Won-Buddhism

35) The Dharma of the Wholeness of Both Spirit and Flesh, Practice, The Principal Book of Won-Buddhism

36) Stages of Dharma Rank, Practice, The Principal Book of Won-Buddhism

1) Won-Hyo(617-686); Großmeister des Buddhismus im alten Silla-Reich in Korea.

2) Sa-Myung(1544-1610); Großmeister des Buddhismus in der Lee–Dynastie in Korea.

3) "Die Wahre Schrift/Chôngjôn" ; Das Buch des Meisters Sot'aesan. Als Gründer des Won-Buddhismus hat er einen Text geschrieben. Das Buch der Won-Buddhistischen Lehrschriften "Wônbulgyo Kyojôn" wurde in 2Teilen gebunden. 1.Teil: 「Die Wahre Schrift」 des Meisters Sot'aesan, 2.Teil: 「Die Worte des Meisters Sot'aesan」. Übersetzung: Dirk Fündling, Lee Younghee, Wonbulgyo Publishing Co., Iksan-si, Republik Korea.

4) Meister Sot'aesan; Pak, Chung-Bin:(1891-1943). Der Gründer des Won-Buddhismus wurde als Sohn einer Bauernfamilie in Korea geboren. Seit seinem siebten Lebensjahr zeigte er besondere Wissbegier für die Vorgänge der Natur im Universum und für das menschliche Leben, bemühte sich aus eigenem Antrieb um den Weg und erlangte nach zwei Jahrzehnten der Askese und des Ringens um die Wahrheit schließlich im Alter von 26 Jahren die große Erleuchtung.

5) 「Die Lehrschriften des Won-Buddhismus」, 〈Geleit ins Jenseits Nr.6〉 S.320-321.

6) 「Die Lehrschriften des Won-Buddhismus」, 〈Geleit ins Jenseits Nr.18〉 S.325-326.

7) 「Die Lehrschriften des Won-Buddhismus」, 〈Geleit ins Jenseits Nr.13〉 S.323.

8) 「Die Lehrschriften des Won-Buddhismus」, 〈Erörterung von Zweifelsfällen Nr.9〉 S.262.

9) 「Die Lehrschriften des Won-Buddhismus」, "Die Wahre Schrift" S.19.

10) 「Die Lehrschriften des Won-Buddhismus」, "Die Wahre Schrift" S.19-20.

11) 「Die Lehrschriften des Won-Buddhismus」, "Die Wahre Schrift" S.21,

12) 「Die Lehrschriften des Won-Buddhismus」, "Die Wahre Schrift" S.23-24.

13) 「Die Lehrschriften des Won-Buddhismus」, "Die Wahre Schrift" S.26-30.

14) 「Die Lehrschriften des Won-Buddhismus」, "Die Wahre Schrift" S.26-38.

15) 「Die Lehrschriften des Won-Buddhismus」, "Die Wahre Schrift" S.35-38.

16) 「Die Lehrschriften des Won-Buddhismus」, "Die Wahre Schrift" S.38-45.

17) 「Die Lehrschriften des Won-Buddhismus」, S.350.

18) 「Die Lehrschriften des Won-Buddhismus」, S.352-353.

19) 「Die Lehrschriften des Won-Buddhismus」, "Die Wahre Schrift" S.45-46.

20) Aus den Lehrschriften des Djông-San Chongsa des 2.obersten Dharma-Meisters des Won-Buddhismus

21) 「Die Lehrschriften des Won-Buddhismus」, "Die Wahre Schrift" S.47-49.

22) 「Die Lehrschriften des Won-Buddhismus」, "Die Wahre Schrift" S.49-50.

23) 「Die Lehrschriften des Won-Buddhismus」, "Die Wahre Schrift" S.50-52.

24) 「Die Lehrschriften des Won-Buddhismus」, "Die Wahre Schrift" S.49-50.

25) 「Die Lehrschriften des Won-Buddhismus」, 〈Die grundlegende Lehre der täglichen Übungen〉 S.54.

26) 「Die Lehrschriften des Won-Buddhismus」, "Die Wahre Schrift" S.55-57.

27) 「Die Lehrschriften des Won-Buddhismus」, "Die Wahre Schrift" S.57-59.

28) 「Die Lehrschriften des Won-Buddhismus」, "Die Wahre Schrift" S.78-81.

29) 「Die Lehrschriften des Won-Buddhismus」, "Die Wahre Schrift" S.82-83.

30) 「Die Lehrschriften des Won-Buddhismus」, "Die Wahre Schrift" S.86-87.

31) 「Die Lehrschriften des Won-Buddhismus」, "Die Wahre Schrift" S.87-90.

32) 「Die Lehrschriften des Won-Buddhismus」, "Die Wahre Schrift" S.90-91.

33) 「Die Lehrschriften des Won-Buddhismus」, "Die Wahre Schrift" S.91-92.

34) 「Die Lehrschriften des Won-Buddhismus」, "Die Wahre Schrift" S.93.

35) 「Die Lehrschriften des Won-Buddhismus」, "Die Wahre Schrift" S.93-96.

◇ Eine Information über Won-Buddhismus auf Deutsch; 「Ein Handbuch für den westlichen Leser」, 「Buddhismus im heutigen Korea」-John Snelling u. Karl-Heinz Golzio, 1991, Diederichs Druckerei.

心, 마음이 가는 길을 읽고…

제타원 님이 자기 글에 대한 評을 해운대 교당 앙타원 교무님을 통해 요청했습니다. 메일로 보낸 글을 읽는 찰라, 마음에 물결이 일었습니다. 이전의 때 낀 허상들이 화들짝 놀라 우왕좌왕 하면서 뒷걸음치는 소란스러움입니다. PC를 끄고 書案 앞에 앉아 먹을 갈았습니다. 靈呪를 외었습니다.

재단법인 독일 퀼른 교당에서 친언니 일타원 님과 모든 일을 도맡아 무실역행 하시는 제타원 님과 첫 대면은 해운대 교당입니다. 圓紀 98년 4월14일 일요법회에서 독일 퀼른교당에서의 일을 재미있게 들려주었습니다. 천고만난의 일상생활을 승화해서 이다지도 쾌활하게 이야기하는 저 사람은 도대체 법단계가 어디쯤인가 하는 호기심마저 들었습니다. 순간, 水菊이 나의 머리에 피었습니다. 키 낮은 수국은 연한 자주색으로 꽃을 피웠다가 하늘색으로, 다시 연한 홍색으로 변합니다. 이 이도 사막에서는 그늘로, 바다에서는 섬으로, 호수에서는 연꽃으로, 땅에서는 나무로, 누가 원하면 원하는대로 상을 변화시킬 것 같습니다. 꽃말은 냉정, 무정, 거만인데 이 분은 할 말을 좌고우면 않고 내뱉고 살만큼 옹골찰 듯했습니다.

일원상이 낯 선 사람들에게 심법을 심어 구원하려는 제타원 님의 봉공심이 용솟음치는 글입니다. 글을 보면 그는 몸은 비록 길 위에서 있지만 마음은 仙界를 거닐고 있습니다. 글이 주는 울림이 높고 큽니다. 문자를 빌려 대중들에게 깨우침을 주려하는데 이는 그의 깨달음 가운데 아주 작은 한 부분에 지나지 않을 것입니다.

옳은 것을 부려서 옳지 않은 것들에 대해 마음대로 조종하고 가지고 놀 수 있는 사람의 글입니다. 그의 글에서 원려심을 느낄 수 있고 또 누구나 그만한 원려심을 얻을 수 있음을 믿게 합니다.

힘에 부치는 일인 줄을 알면서도 웃으며 여유롭게 그 일을 거뜬히 마무리하는 억측스런 고집을 지닌 인심 후한 여장부의 글입니다. 글에 힘줄을 넣지 않았습니다. 미사여구 없습니다. 井華水 같이 맑고 고요하며 깨끗한 정신이 깃든 고매한 마음글들입니다. 좋은 주인, 그것도 이 세상에 둘도 없는 존귀한 분을 주인으로 만나 심법을 터득하며 쓴 글이어서 문장마다 향기가 납니다. 속세의 때가 묻은 옷을 벌써 던져버렸고 새 옷으로 갈아입은 그이지만 자기만 그 좋은 옷을 입으려 하지 않고 모든 이에게 좋은 옷을 입히려 동분서주 발품 파는 사람 좋은 성공한 사업가 같습니다. 읽을수록 그는 분명 인심 후한 마음재벌임을 알게 됩니다. 그래서 자기 마음을 나누려 애쓰는 게 아닐까요.

마음과 몸 수련의 과정과 결과는 같은 겁니다. 다만 심법 단련은 신체 단련과 달리 歲月이 흐를수록 더욱 향기와 기쁨을 용솟음치게 합니다. 유통기한이 無限인 게지요. 마음 수련을 한 사람은 언행이 정도를 벗어나면 단박 알아채고 흐트러지는 마음을 추스릅니다. 십수년 간 보디빌딩으로 몸매를 다듬은 보디빌더도 술과 고기를 먹은 후에는 칼로리가 어느 정도 과다 섭취되었는지를 동물적 감각으로 계산해냅니다. 그리곤 곧바로 지방빼기운동에 들어갑니다. 이렇게 힘써 단련하지 않으면 육체는 며칠 가지 않아 망가지기 때문입니다. 마음공부도 그래서 꾸준함이 절대로 요구된다고 그는 역설합니다.

우리가 현재의 이 자리에 오른 것은 교육이라는 배움, 그 가운데서도 기억이라는 공부의 덕일 테지요. 기억으로 인해 학교에서 시험을 잘 치른 때문입니다. 질문에 대한 답을 척척 적어내는 이 기억의 힘을 어디서 볼 수 있을까요? 뇌를 메스로 자르면 그 樣態를 볼 수 있을까요? 불가합니다! 기억덩어리는 보이지 않지만 우리는 정체불명 그 기억의 힘을 받아서 정치적 경제적 사회적 문화적으로 현재의 위치에 도달해 있는 겁니다.

제타원 님은 우리의 깨달음 공부심도 보이지 않고 드러낼 수 없지만 어딘가에 차곡차곡 쌓여 장차 우리의 지위를 정하는 온전한 보증서가 될 것이라고 합니다.

그의 글들은 독자의 가슴을 파고듭니다. 눈 코 귀 입 몸 마음에 대한 감사를 잊고 사는 우리들에게 이들은 부모가 주신 무한한 보물덩어리 임을 가르칩니다. 이들에 대한 감사를 통해 부모에게 효도하라며 거부할 수 없도록 자연스럽게 마음공부를 시킵니다. 딱딱할 것 같은 교훈적 이야기도 너무나 은근하며 자연스럽고 구수해서 "나도 해 보자"며 거역할 수 없게 만드는 魔力이 있습니다.

쾰른에서처럼 통하는 건 아무 것 없어도 거뜬히 과업을 치러냈

듯, 里程標와 방향만 정확히 알고 가면 인생길에 드리워진 어둠의 장막을 걷어내고 밝은 세상을 안을 수 있다는 그의 이야기는 그래서 더욱 찬란합니다.

마음공부를 매일 하면 그의 가르침대로 기쁨과 행복을 안고 살 수 있다는 希望을 가져 봅니다. 카페에서 등업을 하려면 그 곳을 자주 찾아가 클릭을 해야 하고, 씨를 뿌린 후에는 물을 주고 거름을 더해야 좋은 꽃과 열매를 얻는다는 그의 말을 되새김질 해 봅니다.

부산일보 전 논설위원, 한국언론진흥재단 특임강사 呂道彦 합장.

心 · 마음이 가는 길
A way that a mind goes
Der Weg, den das Maum(心) geht
- 원불교 정전명상 -

인쇄 : 2013년 7월 6일
발행 : 2013년 7월 8일

글 : 이원조
펴낸이 : 김영식
펴낸곳 : 도서출판동남풍
출판등록일 : 제66호(1991. 5.18)
전북 익산시 신용동 344-2
전화 (063) 854-0784
전송 (063) 852-0784

ISBN 978 89 6288 021 2

책 판매수익금은 전액 해외(쾰른교당)개척교화에 쓰여집니다.
송금계좌 우리은행 295-196337-02-001 이진수(이원조교무)